ルポ
コロナ禍の移民たち

室橋裕和

Hirokazu Murohashi

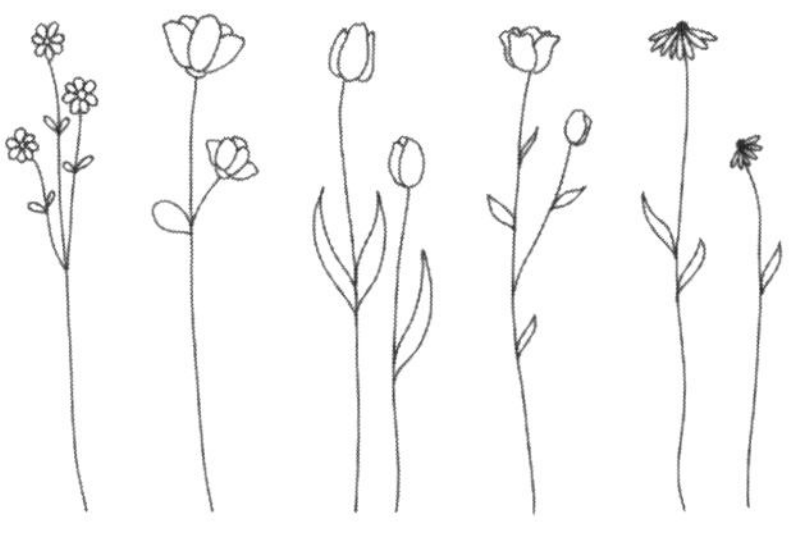

明石書店

はじめに

誰もがしんどい日々を送ってきたと思う。なにせコロナ禍は、現在進行形の世界的大災害なのだ。

僕もけっこう参った。なにせ「アジア専門ライター」なんて名乗っている身だ。若い頃からアジアの各地をうろうろし、その後はタイに10年ほど住んだ経験を活かして、アジア関連のガイドブックをつくったり現地の社会情勢だとか日系企業の動向なんかの記事を書き、どうにかメシを食ってきた。年に4、5回はアジア諸国に出かけて取材をし、各地で拾い集めたネタをニュースサイトや出版社に売りつける生活を送っていたのだが、そんなサイクルが完全にストップした。全世界で入国制限が広がり、海外に行けなくなってしまったのだ。

アジアと行き来することで生計を立てていた僕にとっては、補給線を絶たれたようなものである。それに取材ができなくなるだけではなかった。世の中は海外旅行どころではなくなったのだから、ガイドブックは次々と刊行を取り止め、海外モノを連載していたニュースサイトや新聞は更新がストップし、それはつまり収入が減るわけであって、助けてくれる人のいないフリーランスの僕は泣いた。まさに憎っくきコロナなのであった。

しかし、「海外に行けないなら、日本国内の異国を」というお話も舞いこんでくるようになった。いまや日本の各地に根を下ろした外国人たちのコミュニティについて、なにか書いてくれないかという依頼である。それは僕が日本でもとくにアジア系の外国人が集住する、東京・新大久保に住んでいるからでもあっただろう。とりわけ、「在住外国人たちはコロナ禍をどう生きているのか」という視点の記事を求められる機会が増えた。

そんなこともあって、僕はさまざまな外国人にコロナの影響を聞いて歩くようになった。そこで知ったのは、外国人ならではの悩みや苦しさだ。出入国ができないので家族に会えない人、実習期間が終わったのに帰国できず行き場を失った技能実習生、各国のロックダウンで輸出入が滞り困っている食材店やレストラン、日本渡航直前に入国制限となり途方に暮れる留学生。コロナで亡くなった母国の親戚や友人の葬儀に出席できないという声も聞いた。みんな閉ざされた国境に振り回されていた。コロナはグローバル社会を直撃したのだと、あらためて思わされた。

円滑な出入国ができなくなると、人の流れが止まり、外国人を労働者として、あるいは消費者としてアテにしていた業界はすぐに干上がる。それはどの国も同じようなものだ。だから国境はコロナとはいえそうカンタンには閉じないだろうと僕はタカをくくっていたのだが、全世界はあっさりと鎖国し、グローバル社会はいっとき呼吸を止めた。僕の個人的不況は「息苦しい」程度のものだけど、窒息してしまった業界も人もいる。そのひずみが、日本に住む外国人たちからも見て取れた。

それに、こんなとき異国にいるのはけっこう不安なものなのだ。ふだんはあまり意識しないが、世の中が騒然となったり重い空気感に包まれると、社会にある種の一体感というか共同意識が生まれてくる。そこに自分たちは入っていないような疎外感を覚える。それが外国人というものだ。

僕がタイに住んでいたときも、軍事クーデターや大洪水、市街戦など、社会がザワついた出来事がいくつかあった。そのたびに外国人である僕は、タイの人々の気持ちについていけていないような、取り残されているような心細さを感じたものだ。それは僕がタイ社会にちゃんと溶けこんでいなかったからかもしれないけれど、こうした非常時になるほど外国人は自分たちがどこか異物であることを意識してしまうようにも思う。

それならいったん帰国しようと思っても、コロナ禍の今回はその判断もなかなか難しい。それぞれの母国の入国制限や、一時期やたらと高騰した航空運賃の問題もあったし、一度帰ってしまうと今度は日本への再入国ができなくなるのではと懸念する人もいた。留学や就職や、あるいは出稼ぎといった人生プランを、国を越えて描いていた人たちが、岐路に立たされたのだ。
そして外国人の失業問題は、地方に行くほど深刻になった。とりわけコロナのため減産となり、仕事が減った製造業などの現場が厳しかった。「クビを切られるのは、まず外国人から」と、ほとんど合言葉のようにあちこちで聞かされた。

かといって、それに腹を立てるでもなく、抗議するでもなく、「俺たち外国人は、そんなもんさ」と、淡々と受け止めている姿が印象的だった。

そうやって北関東や東海地方の製造現場を歩くうちに、外国人を「都合の良い雇用調整弁」として使い捨てたのは、このコロナ禍が初めてではないことに気がつかされた。バブルのときもそうだった。リーマン・ショックでも大量の外国人が失業した。

そしてバブル崩壊のあと、仕事を失ったイラン人たちが違法テレホンカード売りとなったように、コロナ禍のいま職場から追い出されたベトナム人技能実習生たちが「だったら自分たちで生き延びてやる」とばかりに、さまざまな犯罪に走っていることが報じられている。

都合の良い労働力を海外から呼び寄せて、不景気になったら放り出す。そして行くあてのなくなった外国人の一部が罪に手を染めると、国民総出で叩く。浮遊する労働力を生み出したシステムそのものには、目が向けられることはない。そんなことを、コロナ禍の今回も繰り返している。人の使い方の乱雑さにおいて、この国は昔から変わらないのだ。

しかし、だ。

取材を重ねていくほどに感じたのは、かれら外国人のしたたかさというか、しぶとさというか、生きるエネルギーのようなものだった。厳しい現実にへこたれることなく外国人どうしで助けあったり、コロナ禍を逆に商機と捉えて開業してみたり、オンラインでのビジネス展開に活路を見出そうとする。そんな姿はなかなかに小気味が良かった。

それにかれら自身の不勉強や、見通しの甘さが苦境を招いているという一面も、同時に目にした。長年日本に住んでいるのにほとんど日本語が話せなければ、コロナのような非常時には仕事を失うのも仕方ないかもしれない。保険に入れる立場なのに加入せずにイザとなって困るというのは、ちょっとどうなんだろうと思ったりもした。

日本社会がかれらを追い詰めていると、一概にはいえない。外国人を「かわいそうな弱者」と報じる姿勢には、少し違和感を持った。

むしろ僕たちと同じ、等身大の人間なのだ。泣き笑いもすればコロナにめげずがんばることもあるし、かと思えばズルさや怠惰さも見せる。それは僕たち日本人となんら変わらない人間の姿だ。しかし外国人を「弱々しい被害者」として捉える報道や、「危険な犯罪者集団」と決めつけるネット世論ばかりを見ていると、かれらも僕たちも似たようなもんだ、という当たり前のことが見えなくなってくる。それは外国人たちがこれほど日本に増え、足元で日本の産業を支えながらも、その暮らしぶりや素顔がどんなものなのか、よくわからないからだ。

だから僕は、なるべく外国人たちの素の声を拾おうと、取材を続けた。良いことも悪いことも含めて、外国人たちにコロナでどんな影響が出ているのか、できるだけフラットな視点で見ようと思った。共通の災害の中で、まだちょっと距離感のある隣人がどんな思いを抱いているのか。そんなことを伝えられたらと思う。

ルポ　コロナ禍の移民たち◇目次

Chapter 1
名古屋〝九番団地〟の住民たち

Chapter 2
学習支援と食料支援の実践者たち

Chapter 3 コロナに感染した外国人たち

○本書は巻末の初出一覧で示した記事を一部に含むが、いずれも大幅な加筆修正を施している。
○本書に登場する人たちの年齢や肩書きなどは取材当時のものである。

Prologue

移民最前線タウン新大久保の2020年春

「ここは日本なんだから、大丈夫ですよ」

マスクが品薄になり始めた2020年2月上旬。乗客の集団感染が見つかったクルーズ船「ダイヤモンド・プリンセス号」のニュースで持ちきりだった頃だ。

僕は東京・新大久保にあるヒンドゥー教のお寺で、ネパール人やバングラデシュ人たちとボッタを食べていた。スパイシーなマッシュポテト、とでも言おうか。バングラデシュの代表的な料理なのだという。どっさりとフルーツも出てきた。こうして毎週月曜日の夜、ヒンドゥー教徒の人々が集まってきては、ちょっとしたお祈り（プージャと言うらしい）をして、それからはみんなで食事となる。僕はヒンドゥー教徒ではないのだが、取材で知りあった縁もあり、すぐ近所に住んでいることもあって、ときどき訪れ、輪に入れてもらう。ほかにもいろいろな外国人、日本人が、つまみを手にふらりとやってくる。とっても緩いコミュニティで、だから居心地が良かった。

共通語はネパール人もバングラデシュ人も比較的わかるインドの主要言語ヒンドゥー語だが、たいていの人は日本語もよく話す。だから僕は近くでインド料理店を出しているネパール人に、コロナが心配ではないのかと聞いてみた。

「ムロハシさん、ここは日本ですよ」

みんなして笑うのだ。

「日本はこれだけちゃんとした国なんだから、コロナも抑えこみますよ。中国とは違う」

「僕たちの国とも違う」

そんな自虐ネタに、また笑いが巻き起こる。僕は日本に住む外国人に取材する機会が多いのだが、そんな折にコロナについて尋ねてみると、決まって同じような答えが返ってきた。

〝安心・安全の国〟

それが外国人の、日本に対するひとつのイメージだと思う。外国人を取材するときに僕は必ず「日本に来た、日本を選んだのはどうして？」と聞くのだが、「家族や親戚や知人を頼って」「アニメ好きが高じて」「とにかく稼げればどこでも」なんて答えも多いけれど、もうひとつよく聞いた言葉が「安心、安全」だった。

「日本は進んでいる国で、なにごともしっかりしている国というイメージです。治安も良いし、安心して働ける、暮らせると思って」

政情不安定だったり、社会システムが未成熟な国から見ると、日本はどうもそう映るらしい。僕たち日本人にはあまり実感がつかめないのだが、そこには日本という国に対する信頼感がある。

「大丈夫ダイジョブ、日本にいればコロナでも安心ですよ」

外国人にそんなことを言われて励まされる。そんなものかなあ、と僕も思っていた。

しかし……その後、こうしてみんなで集まって会食をすること自体が憚《はばか》られる世の中になろうとは、このときは想像だにしなかった。そして、日本がずっと維持してきた「安心・安全の国」というイメージ、「きっちりした国」という信頼感が、揺らいでいくことになる。

パニックが起こるのではないか

雲行きが怪しくなってきたのは、2020年の2月下旬あたりだろうか。日本で初めての死者が出て、累計感染者が100人を超え、人の集まるイベントが軒並み中止となった。3月からは小中学校が臨時休校となり、いよいよ火は「対岸」から「こちら側」に移ってきたのかもしれないと、誰もが感じ始めていた。危機感を覚えた人々がトイレットペーパーや食品や水を

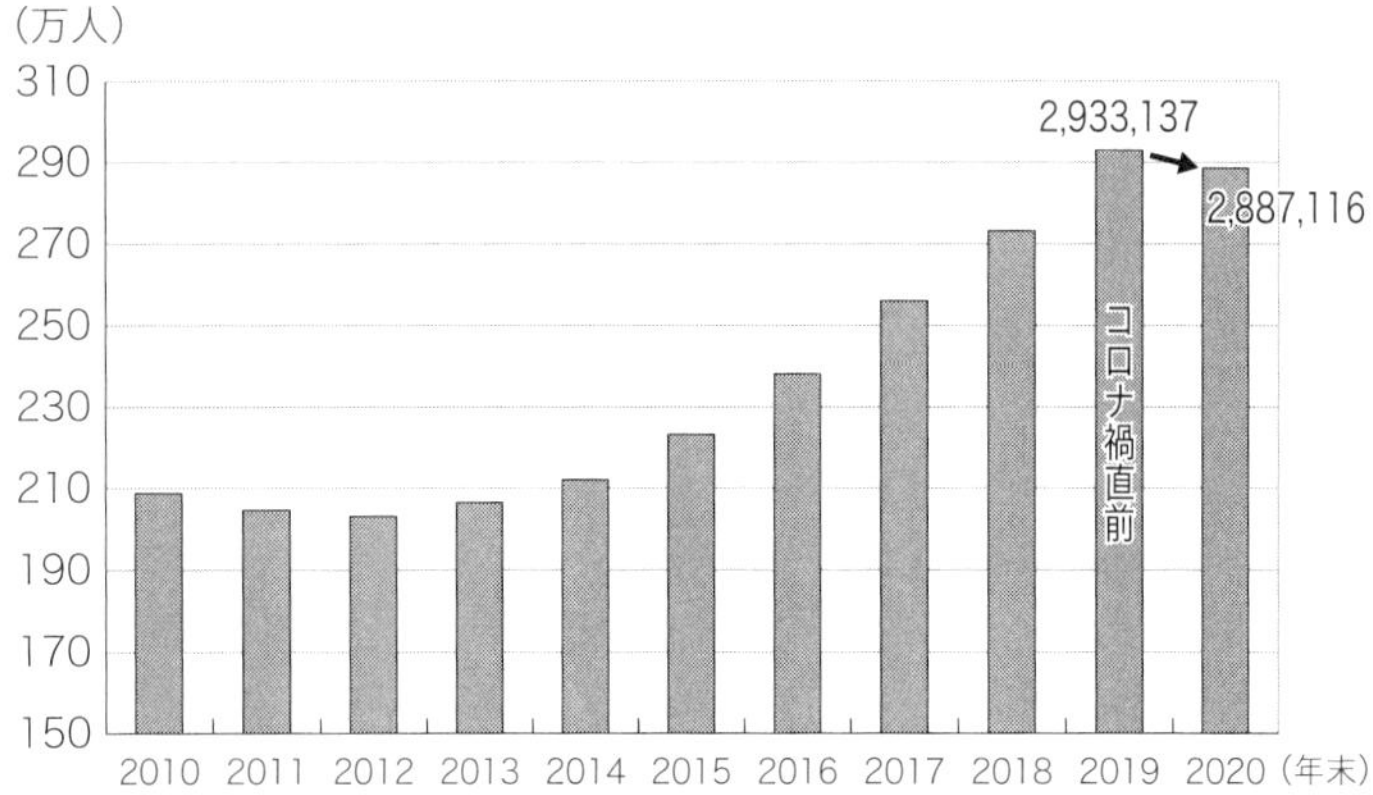

図１：在留外国人数の推移（2021年の法務省統計をもとに作成）

買い占めたりもした。

そして２月から３月にかけてのたった１か月ほどで、コロナウイルスは世界中に広がっていった。中国から始まったコロナ禍は、はるかに離れたアフリカや南米にまで到達、各地で感染者が爆発的に増えていった。

その「原動力」となったのは、地球規模で進んでいた「グローバル化」なのだろうと思う。全世界に張りめぐらされた航空網、簡素化された出入国手続き、相互に経済協力をしていく体制が整備されたことで、国を越えて働き、学び、また旅行をすることが、かつてないほど広く普及した時代になっていた。

だからこそ日本でも、コロナ禍直前の２０１９年末の時点で２９３万人を超える外国人が暮らすまでになっていた（**図１**）。かなりの部分は、少子高齢化が止まらないこの国に、労働力となることを期待されてやってきた人々や、その家族だ。日本政府はこの10年ほどで外国人受け入れのハードルを下げ、事実上の移民政策に舵を切っていた。そのため都市部だけではなく、地方の工場地帯や農村でも、どこでだって外国人の働き手を見るようになっていた。

そんなかれらが集住する街を、僕はよく訪ね歩いた。現地の味そのままの食堂や、見たこともない食材が並ぶ雑貨屋、寺院やモスクといった祈りの場などが小さいながらもつくられていて、なんだか海外を旅しているような気分になったものだ。

こうしたコミュニティが成熟していったのもグローバル化によるものだったが、その根本を、コロナ禍は絶った。全世界規模で出入国制限が始まったのである。3月11日にWHO（世界保健機関）がパンデミック（世界的な大流行）宣言を出すと、各国は入国を停止し、国境を閉ざした。グローバル化は同時に、ウイルス拡散の温床でもあったからだ。国際的な人の往来が極限まで増大した現代社会のシステムが、地球のすみずみにまで、あっという間にウイルスを運んだのだ。

だから、いったん出入国を止めよう。それは正しい判断なのだと思う。しかし、僕がふだん暮らしている新大久保も、そのほか日本各地にできた外国人コミュニティも、海外とのさかんな人流あってこその街なのだ。新しく留学生や技能実習生が入ってきたり、その家族が行き来したり、住んでいなくてもビジネスでやってくる人がいたり。国を越えた自由で活発な人の往

2020 年 4 月，緊急事態宣言発令直後の新大久保。いつもおおぜいの観光客で賑わっていたコリアンタウンの「イケメン通り」も閑散

来は、新大久保のような街にとっては血流のようなものだと思う。

その流れが止まってしまったのだ。

いったいどうなるのだろうか。腹の中に重いものを抱えているような不安感の中、3月24日には東京オリンピック・パラリンピックの延期が決定し、4月7日には東京など7都府県に初の緊急事態宣言が発令された。

怖いのはパニックだった。新大久保は人口の39%が外国人という、日本でも稀有な「国際都市」である。ベトナム、中国、ネパール、韓国、タイ、ミャンマー、そのほかさまざまな国の人が集住する。日本語がわかる人も多いけれど、その度合いは人によるし、来日間もない留学生なんて言葉も日本のこともまるでわからないのに、コロナ禍に巻きこまれてしまっている。いったん帰国しようにも飛行機は大幅な減便だ。自国民の帰国すら一時的に受け入れない国もあったし、一度帰国したら今度は日本への再入国が難しくなるのではと考え、日本に留まるしかないという人もいる。早くも飲食のアルバイトが減らされ、生活に困る人も出てきて、「大丈夫ダイジョブ」とか言っていた外国人たちもだんだん暗い顔になっていった。

そうした生活の困窮と、言葉の壁からくる情報不足や、異国での心細さが、パニックに結びつくのではないか……それは新大久保に住む日本人も、日本の暮らしが長い外国人も、懸念していたことだった。

2011年の東日本大震災のときは、都内も激しく揺れた。地震に慣れていない国の人もたくさんいたはずだが、幸いにして大きな混乱はなかった。ただ、その後の福島原発の事故を見て、放射能を恐れた韓国人や中国人が一気に日本から逃げる動きが広がった。新大久保でも、アパートや経営している店をほっぽって帰国した人もかなりいたと聞く。コロナ禍のいまは出入国制限があるから大量帰国はないかもしれないが、同じように恐怖からくる騒動が巻き起こったら、この街はどうなるのだろう。

外国人たちが見せた意外なたくましさと、商魂

そんな怖さをどこかに感じながら、僕は毎日この日本最大級の外国人コミュニティに暮らし、歩いていたのだが、まず現れた変化は意外なものだった。

外国人経営の飲食店が、次々とテイクアウト対応を始めたのだ。いまでこそ当たり前になった「お持ち帰り」だが、早かったのはかれら外国人ではなかっただろうか。というよりも、コロナ前からテイクアウトできる店が多かったのだ。店内やメニューにそういう表示はなくても、お願いすれば気さくに包んでくれた。ついでに言うと、肉多めとかもっと辛くとか、メニューにないアレンジもできる範囲で応えてくれる。ふだんからワガママなお客の注文に、フレキシブルに応じていたのだ。そこがマニュアル重視の日本人とは違う。

タイ人のおばちゃんからガパオとジャスミンライスと、それに目玉焼きを包んでもらい、さらにニガウリのスープはビニール袋に入れてもらう。おばちゃんは熱々のスープを器用にビニールに注いで、口を赤いゴムでくるくると縛る。そうだよな、タイやアジアの国では、屋台でも食堂でもこうやって持ち帰るのが当たり前なんだよな。おばちゃんも手慣れているというか、マスク姿でもちょっと得意げな様子が伝わる。

それにかれらは日本のメディアだけでなく、母国や周辺国の報道にも、SNSを通じてよく触れている。飲食店が封鎖されてテイクアウトだけになった、なんて動きは、いち早くロックダウンとなった欧米や東南アジアで広がったが、そんなことも僕たち日本人より先に知っていたのかもしれない。

ともかく新大久保では、街に無数にある韓国料理店だけでなく、ネパール、ベトナム、タイ、インドネシア、台湾、中華……さまざまな店がテイクアウトを全面に打ち出し、アピールし始めた。僕は楽しくなってあちこちの店を取材して回り、「コロナで海外に行けないいまだからこそ、新大久保で多国籍テイクアウト・グルメ」なんて記事をデッチ上げ、週刊誌に売りつけたのだが、かれらの商魂はまたトラブルも生んでいた。

新大久保に無数にあるエスニック食材店などではマスクを売り出すところも急増したのだが、その値段が「高すぎる」と世間から大いに怒られてしまったのである。

元凶はもしかしたら、僕だったのかもしれない。2月末頃だったろうか。マスクも消毒薬も手に入らず、誰もが困っていたときだ。僕は新大久保のとあるネパール食材店で、貼り紙を見つけたのだ。

「マスクあります」

いかにも外国人が書いたと思われる、拙い日本語だった。狭い店内に入ってみると、インド米やスパイスやネパールの菓子やらがびっしりと積まれ、現地の香りが濃厚なのだが、レジのわきにたしかにマスクが置いてある。

「バングラデシュから輸入したんだ」

片言の日本語で店主は言う。見たところ品質はイマイチだったが、それにしたっていまや貴重品のマスクなのである。だから貼り紙を見た日本人が次々と店に入ってくるのだが、悩んだ挙句に去っていく人ばかり。というのも50枚2600円という価格だったからだ。なかなか強気な値段だが、

「バングラデシュでも生産が追いつかずに値上がりしている。それに輸入コストを考えると、どうしてもこのくらいになっちゃって」

と言う。ほかにも数軒、マスクを売っている店を見つけたが、どこも値段は似たり寄ったり。ちょっと高いよな、とは思ったが、かれらの言葉にウソはないようにも感じたし、品不足のマスクを外国人が独自のネットワークで輸入し始めたというのはなかなか面白く、これまた週刊誌に載せてしまったのである。すると、発売の当日だった。

「ムロハシさん、テレビ見てください」

担当編集者が連絡を寄越す。民放某局が僕たちの記事をパク……いや後追いしたのであった。僕たちが取材した店でカメラを回して、マスクがたくさん売られていますなんて流したものだ

から、翌日の朝イチには大行列ができてしまったのであった。ふだんは絶対に新大久保に来ないような、外国人経営のエスニック食材店なんかに縁もなさそうな日本人が、長蛇の列をつくっている姿を見て、僕はちょっと怖くなった。

そして案の定、我も我もとまわりの食材店もマスクを輸入し始めるのであった。この動きは韓国系のショップにすぐ波及していく。コスメやアイドルグッズや雑貨や食材を売っていて日本人女子で大賑わいだった韓流の店も、コロナによって客足は途絶え、経営はきつい。そこでマスクを全面的に打ち出してきたのであった。こちらは中国からの輸入が多いようだった。

新大久保では独自のルートでマスクを仕入れて販売する業者が急増。価格の高騰から批判も招いた

こうして新大久保はとつぜん、マスクの街と化したのだが、やはり問題となったのは値段で、「高すぎる」とSNSでは徹底的に叩かれた。さすがに2600円よりはだいぶ値を下げていたが、それでも「こんなときに商売とはなにごとか」「マスクで金儲けをす

るな」という日本人の心情はたしかにそのとおりかもな、と思った。

しかし外国人たちの意見はまた違う。

「いま日本はマスクがとにかく必要でしょう。僕らは日本に世話になっているし、なにか貢献できればと思ってマスクを売り始めた。でもね、商売人だからね。利益も乗せるよ」

胸を張ってそんなことを言う。文化の違いだなあ、と思った。日本のためにというかれらの気持ちは、本当なのだろう。しかし、ビジネスチャンスは逃さないし、それとこれとは別なのである。かれらはかれらなりに誇りを持って仕事をしつつ、日本に対してなにか手助けしたいと考えたのだろう。

一方で、新大久保の街ではマスクを無料で配布するネパール食材店や、中華料理屋もあった。それこそ輸入コストを考えれば当時はちょっとした負担だったと思うが、

「ひとり1枚ね」

なんて言いながら、道行く日本人に配っていた。「こういうの日本人はグッとくるんだよなあ」と感じながら、僕も何度かお世話になった。アプローチの方法は人によって文化によって違えども、外国人たちも日本社会の中でウイルスに立ち向かっているのだと思った。

「10万円の給付、外国人も対象なの？」

7都府県に初めての緊急事態宣言が出た4月7日の夜、僕は都内各地を見て回った。「さっさと家に帰れ」というアナウンスをさっそく無視してしまったわけだが、戦後初となる非常時を迎えた東京を、やはり見ておきたかった。

渋谷、銀座、東京駅、新宿……どこも人影はまばらで、繁華街とは思えない静けさだった。新橋の飲み屋街も閉まり、歌舞伎町には都の職員と警察が出て、わずかにたむろする人々に帰宅を促している。そして僕の住む新大久保は、ほとんどゴーストタウンのようになってしまった。

この街はざっくり分けてJR新大久保駅から東側が韓流のショップやレストランが並ぶ観光地、西側が東南アジアや南アジアの人々が多い生活圏となっているのだが、メディアでよく取り上げられるのは東のほうだ。その韓流エリアの店が緊急事態宣言を受けて軒並み閉店か休業、韓国料理やK－POPのグッズを目当てに殺到していた日本人女子も姿を消した。

それでも昼間は、いち早くテイクアウトに対応したレストランや、マスク屋に早変わりしたコスメ屋が店を開けていたりするのだが、緊急事態宣言の休業要請を受けて夜8時に閉めるところがほとんどで、それ以降は暗黒の街と化した。あれほど賑わっていた新大久保とは思えない変わり方だった。

こうして飲食店の閉店や休業が広がる中、生活に困る人々が急増したのだが、同時に国や自治体からさまざまな救済策が打ち出されてもいた。たとえば緊急事態宣言を守って休業する店に対して支払われる、東京都の「感染拡大防止協力金」、休業手当などを助成する厚生労働省の「雇用調整助成金」、それに10万円の「特別定額給付金」……。その額や効果のほどについては議論や批判もあったとはいえ、救済制度も急ピッチで整えられていったのだが、そこから外国人は漏れ出してしまっていた。

いや、外国人がこうした支援策から除外されていたわけではない。日本はそれほど冷たい国ではない（と思う）。ただ、行政の処理能力がまったく追いつかず、外国人に対する多言語の告知が（この当時は）まったくできていなかった。そのことで僕もたびたび新大久保に住む外国人から相談を持ちかけられた。

「これ、私たちも対象なんですかね」

ある中華料理店の店主が首をかしげる。日本に住んで12年、町内会にだってしっかり入っており、日本語の読み書きも十分にできるのだが、

「感染拡大防止協力金のポータルサイトを見ても、外国籍も対象なのかぜんぜん書いてない

外国人経営の飲食店が多い新大久保では，給付金の申請にも一時期は混乱が広がった

んだよね」

表記は日本語だけで、中国語はもちろん英語でのガイドもない。オンライン申請も日本語のみで、しかも日本人から見たってややこしい。それでも日本語を読み進めていったのだが、外国人でも支援を受けられるのかどうか、どこにも書いていない。ならばと相談センターに電話してみたのだが、

「申請要件には外国籍だから給付しない、という記載はないですね。なので、とりあえず申請してみたらどうでしょう」

と、いまいち頼りにならない答えが返ってきたという。係員も、即興でつくられたマニュアルに沿って対応するだけで手いっぱいで、制度の詳しい内容までは把握できていないのだ。

結果としてさまざまな助成金や給付金は外国籍だって対象だったし、それで本当に多くの人が助けられた。ただ、「外国籍もOK」というひと言が添えられていなかったことから混乱する外国人は多かった。それはもしかしたら、「そんなもんわざわざ書いてなくたって国籍を問わないのは当たり前だろう」という行政側の高い意識の発露だったのかもしれないし、あるいは単に忘れていただけなのかはわからないが、「自分たちも対象なんだ」とわかって、ほっとした外国人は多い。

ただし申請書類の作成がとっても面倒だと日本人だって感じたわけで、外国人はなおさらだ。そのため、

「ふだんから頼んでいる税理士に依頼しています」

と浅草で「寿司令和」を営むラカイン人、トエエ・モンさんは言う。ラカイン人とはミャンマーとバングラデシュにまたがって住む少数民族で、どちら側からも迫害されてきた歴史を持つ人々だ。そんなかれらが日本に移り住み、20年以上も寿司屋で働いて日本人と同様に修業をし、ついに自分たちで独立開業したのである。代表のトエエ・モンさんは苦労してきたぶんだけ日本語が達者で、開業手続きも自分でこなしたが、コロナについては会社の税務処理やビザの扱いを委託している税理士にお願いしたそうだ。

「どんな支援策があって、どこに問いあわせればいいのか。どんな条件があって、どんな人

や企業が支援を受けられるのか。はじめはちょっとわからなかったですね」

日本人だったらなんとなく漢字の語感でわかる「感染拡大防止協力金」「雇用調整助成金」なんて用語の意味からひとつひとつ日本語を調べ、長ったらしい書類を解読して、そのうえで申請書までつくるのは、漢字の読み書きが相当にできるトエエ・モンさんにだって難解な作業だ。見慣れない、使い慣れていない漢字が出てくれば、そのつど辞書と格闘する。仕事や子育てをしながらでは、なかなかに難しい。そこで日本人の税理士や行政書士の出番となる。

在住外国人の急増を受けて、外国人専門の税理士や行政書士はいまや人手が足りない状態だ。コロナ禍の書類仕事でより需要は増しているようだ。とくにレストランや食材店などを持ち、小さな会社を経営している人にとっては生活には欠かせない存在で、あまり日本語がうまくない人でも「ゼイリシ」「ギョウセイショシ」なんて言葉は知っていたりする。

そして、トエエ・モンさんのように日本の行政の対策を素早く察知する人々によって、それぞれの外国人コミュニティに情報が翻訳され、拡散されていく。そのためのツールは、アジア系の外国人だとFａｃｅｂｏｏｋが多いだろうか。どんな支援策があるのか、どんな条件なのか。日本人よりもだいぶ遅れながらも、外国人の間にも給付金についての情報が広まっていく。

しかし中にはこうした情報をキャッチできない人だっている。感染拡大防止協力金を受け取る条件の「20時閉店」を知らず、営業を続けてしまう外国人もいた。それに、支援があったとしても受け取るまで食いつなぐことができるだろうか……という人も少しずつ出てきていた。

「私のまわりはミャンマー人が多いですが、飲食で働いている人が多いんです。どこも20時閉店だったり、緊急事態宣言が出ている間は休業する店もあるし、仕事がなくなった、働ける時間が大幅に減ったという人が増えています」

トエエ・モンさんは言う。都内の飲食店は、留学生を中心とした外国人の労働力に頼りきっていた。そこを緊急事態宣言が直撃した。毎月の生活費と故郷への仕送りで、貯金なんてまったくしていない人もいるから、非常時ともなればあっという間に干上がってしまう。

「2か月収入がなかったらやばい、って人が多いですね。はじめに困るのは家賃。払いきれなくなって、誰かの家に転がりこむ。でも、それは日本の不動産屋との契約上NGです。怒られて退去させられる人もいる。それなら帰国しようと思っても、いまは飛行機も少ないしチケットは高い」

そう心配するトエエ・モンさんの「寿司令和」も、お客が激減している。もちろん夜8時閉店で、テイクアウトにも対応しているが、

「今日は昼にお弁当が5個出ただけ。緊急事態宣言が出てから、お客さんは8割減ですね」

と厳しい。

外国人につきまとう「在留資格」の問題

ところで、外国人といっても人によって立場はいろいろだ。立場とは端的にいえば「在留資格」のことである（**表1**）。なんのために日本に来たのか、その目的によって異なる在留資格を取得して生活している。「留学」や「技能実習」、ＩＴ関連やエンジニアなどの「技術」、通訳や語学教師などは「人文知識・国際業務」、小さなレストランや食材店のおっちゃんあたりは「経営・管理」だろうか。コックは「技能」だ。これらは外国人が所持している在留カードにも記載されている。入国許可である「ビザ」とは別に、滞在許可としての在留資格が必要になってくる。

で、この在留資格には1年とか3年といった期限があるので、更新しながら日本に滞在していくわけだ。面倒くさいが、これはどこの国でも似たようなものである。僕はタイに住んでいたことがあるが、そのときは「ノンイミグラントビザ」なるものを取得し、そのうえで労働許可証を発給してもらい、どちらも1年ごとに更新していた。外国人のツトメみたいなものなのだが、こうして更新を繰り返しながら日本に10年とか20年とか、長期間にわたって暮らしている外国人もたくさんいる。もちろんしっかり納税だってしている。

就労が認められる在留資格（活動制限あり）	
在留資格	該当例
外交	外国政府の大使，公使等およびその家族
公用	外国政府等の公務に従事する者およびその家族
教授	大学教授等
芸術	作曲家，画家，作家等
宗教	外国の宗教団体から派遣される宣教師等
報道	外国の報道機関の記者，カメラマン等
高度専門職	ポイント制による高度人材
経営・管理	企業等の経営者，管理者等
法律・会計業務	弁護士，公認会計士等
医療	医師，歯科医師，看護師等
研究	政府関係機関や企業等の研究者等
教育	高等学校，中学校等の語学教師等
技術・人文知識・国際業務	機械工学等の技術者，通訳，デザイナー，企業の語学教師等
企業内転勤	外国の事務所からの転勤者
介護	介護福祉士
興行	俳優，歌手，プロスポーツ選手等
技能	外国料理の調理師，スポーツ指導者等
特定技能	特定産業分野において相当程度の知識または経験を持つ外国人
技能実習	技能実習生

身分・地位にもとづく在留資格（活動制限なし）	
在留資格	該当例
永住者	永住許可を受けた者
日本人の配偶者等	日本人の配偶者・子・特別養子
永住者の配偶者等	永住者・特別永住者の配偶者，日本で出生し引き続き在留している子
定住者	第三国定住難民，日系3世，中国残留邦人等

就労の可否は指定される活動によるもの	
在留資格	該当例
特定活動	外交官等の家事使用人，ワーキングホリデー等

就労が認められない在留資格	
在留資格	該当例
文化活動	日本文化の研究者等
短期滞在	観光客，会議参加者等
留学	大学，短期大学，専門学校，日本語学校等の学生
研修	研修生
家族滞在	就労資格等で在留する外国人の配偶者，子

表1：在留資格の一覧と該当例（法務省資料をもとに作成）。なお「就労が認められない在留資格」は，資格外活動許可を受けた場合は一定の範囲内で就労が認められる

かれらはどう見たって定住しているわけだが、お役所の解釈では「でも、永住権も取っていないんだから、短期滞在を繰り返しているだけだよね」と見なされてしまうのだ。

「だからコロナ対策の緊急支援も、給付はＯＫだけど貸付はダメよ、ってことがありました」

と語るのは僕の知人のネパール人クマルさんだ。小さなインド料理レストランを営み、奥さんが弁当工場のパートという典型的な在日ネパール人のひとり。在留資格は「経営・管理」だが、コロナ禍でカレー屋は苦しい。奥さんの在留資格は「家族滞在」で、これは原則的に就労はできないが、許可を得れば働くことができる。ただし「留学」と同様、週に28時間までだ。コロナで下がったダンナの稼ぎを補填しようにも制限がある。

これは困ったというときに、各自治体の社会福祉協議会が提供する「緊急小口支援」をどこからか聞きつけてきたらしい。これは20万円以内を無利子、保証人不要で貸し付ける制度だ。クマルさんは日本には10年ほど暮らしていて日本語の会話には事欠かないが、専門用語がびしびし飛び交う支援窓口はとうてい無理だと日本人の友人に電話してもらったところ、

「対象となるのは在留資格が『永住者』か、その配偶者に限られる」

と言われてしまった。永住者以外は短期滞在と見なされ、すぐ帰国するのだから融資はできないと判断されてしまうのだという。10年も20年も滞在し、納税し続けていても、である。

また生活保護も「永住者」やその配偶者、日本人の配偶者など限られた在留資格の人のみだ。

そのほかの在留資格では受けることはできない。なお「短期滞在者ではない」とされる永住者などの在留資格を持つ人はおよそ110万人。293万人の外国人のうち40％弱だ。

それと、こうした制度の利用そのものをためらう外国人もけっこういるのだ。「経営・管理」などの在留資格は、安定して事業を継続していること＝黒字であることを証明して更新される。もし赤字となれば、その後の在留資格更新に悪影響が出るかもしれない。だからコロナ関連の支援制度に申しこんだら、つまり経営状態が悪いと見なされ、一時的にお金が入ったとしても、その後の在留資格更新ができなくなるのではないか。そうなれば日本で商売を続けられなくなる……そんなことを心配する人も多い。

あらゆる場面で、在留資格の縛りを頭に置いて生きなければならない。それが外国人の定めなのだ。

だがクマルさんを担当した社会福祉協議会の窓口の日本人は親切だった。こと細かにいまのクマル家の財政状況をヒアリングし、マニュアルをひっかき回し、ほかの部署の人にもあれこれと問いあわせてくれて、

「永住者以外の在留資格でもどうにか対応できるようにしたい。まず相談に来てほしい」

と言ってくれたのだそうだ。ただし困窮しているのは日本人だって同様なので窓口が非常に混みあっており、「面談の予約は3か月待ち」と言われて、あきらめたそうだ。

制度は急ごしらえで、なかなかマイノリティにまで目も人手も回らないけれど、前線にいる人たちは懸命に応対をしている。それはこの先、取材を進めていく中でも感じたことだ。

なお社会福祉協議会はその後、緊急小口支援の制度を永住者以外の在留資格にも広げ、わかりやすい日本語のほか多言語での案内もするようになった（ただ、その情報がぜんぜん拡散されておらず外国人に届きにくい、という点はあまり変わらないが）。

10万円給付に「アベさんありがとう」

コロナ支援といえば、国民ひとりあたり10万円の特別定額給付金は大きな話題を呼んだ。僕もしっかりいただきまして、家賃が引き落とされる口座にそのまま入金した。巷では額が少ない、給付が遅い、バラマキだと批判もあったが、在住外国人たちにとっては「ありがたいお金」だったようだ。

「うちらのまわりでも感謝してる人ホント多いですよ」

と語るのはネパール人のティラク・マッラさん。僕と同じ新大久保に住み、在住ネパール人に向けてネパール語新聞『ネパリ・サマチャー』を発行するジャーナリストだ。来日25年ほどになる。在日ネパール人社会の重鎮ともいえるが、柔和なおじさんなのである。ほっとさせられる人柄で、僕もたびたび仕事の相談に乗ってもらっているし、同じように日本での暮らしについて悩みを抱えてマッラさんのもとにやってくるネパール人も実に多い。

「コロナでレストランの売り上げが下がったり、留学生はアルバイトがなくなったり。2020年の3月、4月あたりはそういう話をよく聞きました。アパートの家賃が払えずに何人かで集まってひと部屋で暮らしてるとかね。そんなタイミングで出た10万円に、助けられたってネパール人はいっぱいいますよ。外国人も対象だったでしょう。こんな政策ネパールじゃありえない、日本に感謝してる、アベさんありがとうってみんな言ってる」

最後のアベさんは冗談半分だったようだが、それでも10万円給付については日本人以上に助けになったと感じている外国人は、ネパール人に限らず多い。それだけ失業や収入減に直面した外国人がたくさんいたということでもあるだろう。

「まあ給付金といったって日本人だけで、ふつうガイジンは関係ないよね」と思い、あきらめている外国人ばかりだったのだ。それが「住民基本台帳に登録されている人すべて」に受給資格があるとわかったことで、こんな非常時にも公平に扱ってもらえると嬉しさを感じている外国人が、少なくとも僕のまわりは多かった。

ただ、この「10万円給付」すらもらえない外国人がいたことは、あまり知られていない。かれらの窮状については後述する。

Chapter 1 名古屋〝九番団地〟の住民たち

東海地方に多い外国人労働者

2020年4月。緊急事態宣言が発令されたこの月から、日本社会にコロナの影響が本格的に広がってきたが、それは外国人コミュニティも同様だった。僕の住む新大久保では、街にたくさんある日本語学校の留学生の新入生が入国できなくなり、飲食の仕事が減って生活苦に陥る外国人が増え始め、コロナ支援策は外国人も対象になるのかと誰もが右往左往した。

街にたくさんあるエスニック食材店では、輸入が止まって一部の商品が品薄らしい。たとえばインド産のマメやコメは新大久保のレストランや近隣に住む南アジア・中東系の人々の食卓を支える存在なのだが、入ってこないものがけっこう出てきていると聞く。インドがロックダウンしているために工場の生産が減り、また港湾業務にも支障が出ていて、輸出入が滞っているようだ。

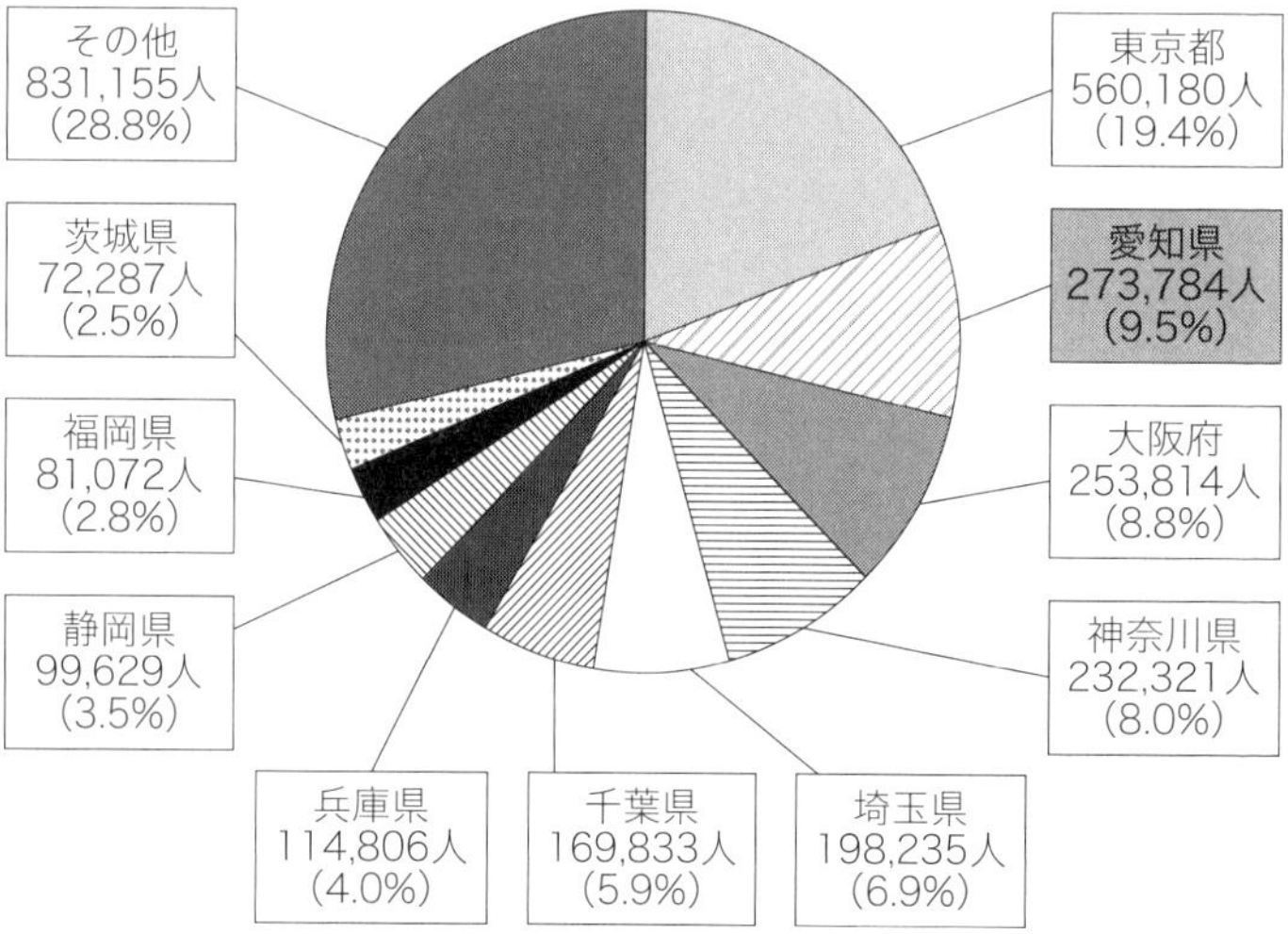

図2：在留外国人の都道府県別構成比（2021年の法務省統計をもとに作成）

ヒンドゥー教の寺院も寄りあいを限定的にした。新大久保には韓国や日本の教会もたくさんあるのだが、こちらも礼拝が中止になったり人数制限をするところも出てきている。

とはいえ街に目立った混乱があるわけではない。日本人と同様に、不安感の中で黙々と耐えているといった印象を受けた。

というのも外国人コミュニティとしての新大久保はおもに、「商売人」と「留学生」の街だ。食堂や食材店や貿易関連などスモールビジネスを手がける外国人と、街に無数に並ぶ日本語学校や専門学校の外国人留学生が多い。もちろん生活にコロナが忍び寄ってはいるのだが、いますぐに暮らせなくなる、食えなくなるという人は少なかったのではないだろうか。

それよりも同じ4月のこの時期、完全に収入が絶たれ、行くあてもなくなった外国人がさまよっていたのは、東京ではなくほかの地方だった。いまや日本の津々浦々に、外国人が働く工場や、農村や、漁村がある。都内ではあまり見ない、おもに肉体労働者として働く外国人がたくさん住んでいる。

その中でも僕は愛知県に注目した。東京に次いで外国人が多い都道府県だからだ。人口比からすれば大阪のほうに外国人が集まっていてもよさそうなものだが、そうではない。在住外国人数は東京56万人、愛知27万人、大阪25万人、神奈川23万人と続く（**図2**）。これは愛知に「仕事があるから」だ。トヨタを中心とした自動車産業をはじめ製造業が昔からさかんな地域で、そうした現場では外国人労働者を受け入れ続けてきた。そんな東海地方の工業地帯では、コロナによる減産が進み、外国人の失業者が続々と増えているという。かれらはどう生きているのだろうか。

ネットカフェ難民となったフィリピン人技能実習生

ミサと言うが、ほとんどロックバンドのライブのノリなのであった。エレキギターが吠え、ドラムが打ち鳴らされ、キーボードのリズムに乗って、ボーカルのギャルが神への賛歌を歌い上げる。宗教の荘厳さはぜんぜんなく、やたらに陽気なのだ。ところ変わればミサ変わる。これがフィリピンのスタイルなのである。

しかし、バンドのメンバーは全員がビニールカーテンで仕切られていた。ミサの参列者たちも歌声を上げずに、マスク姿で静かな拍手を送るだけだ。人数も大幅に制限されているし、礼拝の様子はオンラインでも配信されているので実際には来ない人も多い。宗教施設がクラスターになる例が世界中で相次ぐ中、ここ名古屋イエス・キリスト教会でもコロナ対策は欠かせないものとなっていた。おもに名古屋市近辺で暮らすフィリピン人たちが集まる教会だが、コロナ禍のいまは「シェルター」として機能しているようだった。

「昨日までずっと、ネットカフェに暮らしてました」

たどたどしい日本語で、イシドロ・アリエル・アータテイスさん（30）は言う。朴訥《ぼくとつ》で、まじめそうな青年だが、疲れきった顔だった。港区のネットカフェで寝泊まりし、いよいよそのお金も尽きた昨夜、この教会の存在を友人に教えてもらって、ようやくたどり着いたのだという。

もともとは技能実習生だった。マニラ南東のパシグ市を出て、はじめは茨城の日立関連の工場で働いていたのだという。

「そこはちゃんとした会社で、すごく良かった」

だから3年の実習期間が終わったあとも日本で働きたいと、延長を申し出た。技能実習制度は3段階に分かれている。1年目は「技能実習1号」という在留資格で就労し、一定の試験に受かったあと2年目3年目の「技能実習2号」へと移行する。その後さらに希望者は、再度の試験を経て、2年間の「技能実習3号」となる。この際に、転職もできる。そこでイシドロさんを受け入れている監理団体に相談したところ、茨城から遠く離れた名古屋・金山《かなやま》のビルクリーニングの会社に決まった。

「でも、問題いっぱいありました」

職場ではパワハラが横行していた。外国人技能実習生のイシドロさんと、もうひとりのミャンマー人が、そのターゲットとなった。なにかと馬鹿にされ、いじめられた。イシドロという名前をからかわれて「ドロボウ」と呼ばれたり、なぜだか男性器の名前で呼ばれたりした。愛知を中心に岐阜など東海地方各地のホテルや病院やスーパーマーケットなど大型施設を清掃する仕事だったが、言葉の暴力は毎日毎日続いた。

ミャンマー人も同じようにいじめられていたが、彼の母国では2021年2月に軍事クーデターが起き、反対する市民を軍が虐殺するという異常事態が起きたばかり。入国制限もあってただでさえ帰国が難しいのだが、もし帰れたとしても軍の弾圧が待っている。

「だから、ここでがんばるしかないって彼は言ってた」

しかしイシドロさんは、耐えられなかった。監理団体に相談して、どうにか職場を変えてもらおうと思った矢先に、コロナ禍のためビルクリーニングの会社は仕事が激減。現場に行かなくていいと、とつぜんに告げられた。

「アパートの寮は、もう住めないって監理団体に言われた」

収入と住む場所とを、いきなり失ったのだ。2021年4月のことだった。

名古屋の路上にほとんど放り出された格好のイシドロさんは、それからしばらくネットカフェで過ごした。お金はどんどんなくなっていく。故郷に送金していたから貯金がさっぱりないのだ。監理団体にたびたび窮状を訴えてはいるが、あまり取りあってはくれず、話しあいは進んでいない。

「あそこも行きました。えーと、なんて言う？　ロウドウ・キジュン・カントクショ」

しかし話は聞いてくれたが、まだ日本で、別の職場で働きたいというイシドロさんの希望はなかなか届かないようだ。そしてとうとうお金が尽きかけたときに、知人からこの教会を教えてもらい、つい昨日、転がりこんできたばかり。

「これ」

見せられた財布の中には1万円札と5000円札が一枚ずつ。全財産だという。昨夜は教会の事務所に泊まり、久しぶりに手足を伸ばせたそうだ。これからどうすればいいのか、まだ見当もつかない。それでも、教会には同じフィリピン人と、フィリピンに縁がある日本人がいて、それぞれが持ち寄ってきた食事をいただくこともできる。イシドロさんも少しはほっとしているようだ。

コロナ防護服を折りたたむバイト

「マニー・パッキャオ知ってますか。出身が同じです」

ポノ・ロメルさんは「フィリピンの英雄」と讃えられた偉大なボクサーの名を挙げた。彼と同じく、フィリピン南部のミンダナオ島キバウェの出身なのだそうだ。ポノさんもやはり、コロナ禍で仕事を失った。外国人労働者の多い岐阜県の可児市《かにし》で、CADオペレーターとして働いていたという。技能実習生ではなく、在留資格は「技術・人文知識・国際業務」。業界では「ギジンコク」と略されるもので、取得には専門分野での知識や実務経験が求められる。ポノさんもフィリピンでは銀行のシステムをつくるITエンジニアだったという。

「子供の頃から日本で働きたいと思っていたんです」

だから2016年に仕事を辞めて日本に来て、日本語学校で2年間学んだ。それから技術を活かして仕事を見つけ、可児市で就職。とにかく忙しい毎日だったという。

名古屋イエス・キリスト教会に世話になっているポノさん（左）とイシドロさん（右）

「仕事と、日本語の勉強。毎日毎日働いて、勉強して。でも、フィリピンじゃパーティーばかり、遊んでばかりだったしね。日本でセイシュンできた、と思ってます」

充実していたのだろう。慌ただしく過ぎていった毎日を、彼は日本語で「青春」と表現した。しかし2年ほど経ったときに、パンデミックとなった。

「2020年の12月に、コロナでもう仕事がないと言われました」

仕方なく退職を受け入れた。再就職先を探したが、可児市をはじめ東海地方にたくさんある工場など単純労働の現場で、ポノさんは働くことはできない。所持している「ギジンコク」は、あくまで専門職の在留資格なのだ。

「だったら、名古屋なら仕事が見つかるかなと思って」

思いきって引っ越してきた。そしてFacebookでこの教会を知った。日曜日にときどき訪れるようになり、教会の関係者から仕事も紹介してもらい、いまはどうにか食えるようになった。

「まだまだ帰らずに日本で働きたいんです」

そう語るポノさんのような人、イシドロさんのような困窮者、日本人とフィリピン人の家族、さまざまな人たちが名古屋イエス・キリスト教会には集まってくる。中心となって営んでいるのは、明瀬拡豊さん（73）だ。

「この教会は2年ほど前から始めたんですが、いまおるのは失業者ばかり。さっきのバンド、ドラム叩いてるのから歌ってるのから、みんなそうです」

と苦笑いする。どうもコロナ失業バンドだったらしい。名古屋近郊の工場で働いていたフィリピン人が多かったというが、減産する会社も多く、失職したり、あるいは働ける時間が短くなる、残業が減るといったことが2020年から続いているそうだ。

「それでもね、みんなここに集まってきて、持っている者が負担してという感じで、どうにかこうにかやっとりますわ」

こうして食事を分けあうだけでも助かる人もいるだろうし、同じフィリピン人どうしでぐち

名古屋イエス・キリスト教会に集まってくるフィリピン人と日本人（前列右が明瀬さん）

でもこぼしあえば、いくらかは気がまぎれるのだろう。みんなで内職をしてしのいでいることもあるが、

「それがどこからか見つけてきたバイトは、医療関係者が使うコロナの防護服を折りたたむってもので、700枚も折って300円にしかならなかったというから驚いたんですよ。言葉もあまりわからないと、そういう仕事くらいしかないのかなと」

だから、もう少し良い仕事はないかと探しているところだというが、教会に暗さはあまりない。そこがフィリピン人の気性なのだろう。明瀬さん自身もフィリピンに20年ほど住んだ経験があり、家族もフィリピン人だ。苦しさや悲しさをあまり表に出さず、明るくふるまうのが東南アジアでもある。

「安い仕事でも、ないよりはいいよって明るくやってるのでね。そういう姿にこちらも学ばされますよ」

名古屋の中の異国、九番団地

この教会があるのは、名古屋南部、港区だ。地下鉄名港《めいこう》線・東海通《とうかいどおり》駅のそばに建つ、「九番団地」の敷地内だ。教会のまわりにはブラジルの食材店があり、ブラジリアン柔術のジムがあり、モンゴルレストランがある。ちょっと離れればベトナムの食材店やレストランも点在する。パキスタン系のモスクやハラルショップもある。港区は名古屋でもきわめて濃密な移民エリアといえるだろう。

教会のそばに小さなカフェがあった。ハンバーガーやサンドイッチやポテトの写真が貼られ、なにやらポルトガル語が書かれただけの店だ。現地のバスターミナルにでもありそうな、ラフな佇まい。入ってみるとテレビを見ていたマスク姿のおばちゃんが愛想よくメニューを差し出して話しかけてくるのだが、あいにくポルトガル語はさっぱりわからない。ラテン系の顔立ちに見えるが、日本人のようでもある。日系のブラジル人だろうか。日本語も通じないのだが、

名古屋市港区の九番団地。世間の評判とは違って，きれいでよく整備されている

メニューを見てデカい揚げ春巻きみたいなものとコーラを注文した。パステウと言うらしい。

やがて運ばれてきたのは薄い生地でひき肉やチーズを包んだもの。サクサクしていておいしい。ブラジルに渡った日本人移民が現地で広めたという説もあるようだ。だとしたら、その日系人の子孫が今度は日本に戻ってきて、先祖の国でパステウを揚げているのだろうか。

やがておばちゃんの娘さんか、日本語のわかる女性が子供を抱いて帰ってきた。ポルトガル語であれこれと言いあい、子供も店内を行ったり来たりしてなんだか賑やかになってきた。小さな家族経営の様子は、東京の移民の店と変わらない。それに僕が慣れ親しんだタイの下町のようでもあって、なんだか和む。

そこに今度は、ベトナム人かフィリピン人か、東南アジア系の女性がやってきた。こちらは電機関連の出入り業者らしい。厨房のほうに回り、娘さんとお互い片言の日本語で相談をしている。

「これで大丈夫みたいですね」

「それじゃあ、なにかあったらまた電話ください」

そんなことを言いあって、ふたりして日本人みたいにぺこぺこ頭を下げて挨拶をしている。名古屋市港区、なかなか面白いところだなあ、と僕はパステウを平らげた。

2020年4月に襲った首切りの大波

お腹いっぱいになって、九番団地を回ってみた。10階以上の大型の棟がいくつも建ち並んでいて、広い。平日の昼過ぎだからかあまり人の姿はないが、それでもちらほら見かけるのはすべてが外国人だ。ラテン系の顔立ちが目立つ。ごみ捨て場、集会場、掲示板など、あちこちに多言語の表記がある。ポルトガル語が大半だが、英語やベトナム語も交じる。愛知県の医療通訳システムや、生活が苦しい人のための行政の窓口の案内なども貼られている。きれいに整備された花壇を掃除している業者も、やっぱり外国人だ。フィリピン人のおばちゃんだろうか。ここは東海地方でも有数の、外国人集住団地なのだ。

「いま1475戸ありますが、入居しているのが1000くらい。うち3～4割は外国人が世帯主ですね。ブラジル人が中心で、あとは中国、フィリピン、ベトナム、ペルーなどいろいろ。割合としては日本人のほうが多いのですが、外国人は4、5人で住み、日本人は独居かふたりという世帯が中心。なので体感としては外国人と日本人が半々くらいかな」

川口祐有子さんは言う。この団地の集会場の中で、NPO「まなびや@KYUBAN」を運営して、もう13年ほどになる。地域の寄りあい場でもあり、子供たちの学習支援教室でもある。日本人も外国人も顔を出す。生活相談をしに来る人もいれば、単に遊びに来るだけの子供たちもいる。いまや九番団地には欠かせない存在だ。

川口さんは団地に住む外国人の悩みごとを聞いたり役所に出す書類を代筆したり、子供たちの宿題を見たり受験勉強を手伝ったりと、慌ただしい日々を過ごしてきた。自治体も「まなびや」と連携して外国人支援を行っている。

そんな九番団地にもコロナの影響が出始めてきたのは、2020年の4月。月末くらいかな、と言う。

「住民の中に、5月末でクビを切られるって人が続々と出てきたんです」

九番団地の中にはあちこちに多言語表記の貼り紙がある

とりわけ製造業だった。九番団地の住民のかなりの部分を占める日系ブラジル人は、近郊の工場で働く人が多い。しかし2020年の3月から一気に世界中に拡散したコロナウイルスのため、各国でロックダウンが行われ、工場もストップ。アジアやヨーロッパ、南米など日系企業の生産拠点でも稼働停止が相次いだ。

すると、影響は連鎖的に地球規模で広がっていく。クルマでも家電でもパソコンでも同様だが、いまや一国だけで生産する時代ではないからだ。ある国の工場で原材料を加工し、それを輸出して別の国では部品を生産する。また別の国では組み立てを行い、完成品を世界中に輸出販売する……。原材料費と、輸出入のコストと、なにより各国でだいぶ異なる人件費をハカリにかけて、より効率的に生産拠点を分散していたグローバルさによって、僕たちにも身近なさまざまなものがつくられていたわけだ。しかしそのぶんコロナの悪影響もまたグローバルに拡散していく。部品工場のある国でロックダウンが行われれば、生産が滞る。輸出港が止まればば組み立てができない。そんなことが世界各地で起き、そもそもコロナのためにものが売れなくなっていたこともあって、結果として製造業は減産に踏みきった。生産を減らしたぶん、コストカットをして、企業は自らを守り始めたのだ。この大きな波が、日本に到達したのが２０２０年4月くらいだった。コストカットとはすなわち、人件費の削減であろう。

「10数年も勤めていた工場をクビになった、なんてブラジル人もいました。外国人はどうしても、派遣など非正規の人が多いんですね。だからこういうときは雇用の調整弁になってしまう」

それに減産のため出勤日が減った、残業がなくなったという人も急増する。低賃金の非正規労働に従事する外国人は、そこを残業代で埋めている人もたくさんいたのだが、働ける時間が減ったことであっという間に生活が成り立たなくなる。

「製造業のほかでも仕事がなくなる住民が増えてきました。フィリピン人だと、ホテルのハウスキーピングで働く人たちが真っ先に失業しました。インバウンド需要が消えたので。観光バスやトラックとか運転の仕事をしている外国人もいますが、かれらも仕事がなくなったり大幅に減ったり」

やはりしわ寄せはまず、外国人に来る。2008年のリーマン・ショックのときもそうだった。あのときと同じように、これはたいへんなことになるかもしれない。そう思った川口さんは、2020年4月から九番団地の中で食料配布を始めた。そして、食料を受け取るためにやってきた人々にアンケートを行ったのだ。いまどんなことに困っているのか、体調はどうか、仕事は大丈夫か……。そこで問題が出てくれば、行政や病院などとも相談をして、専門家につなげていく。コロナ給付金などの日本語の書類が書けない人は、川口さんが手伝う。そうやって細かな支援を重ねていった。

「当初は仕事もそうなんですが、それ以上に心の不安を抱えている人が多かったと思います。自分や家族がコロナにかかって死ぬのではないか、感染したらどう対処すればいいのかわからない、という怖さです」

2020年4月あたりはたしかに、そんな不安感が日本を覆った。だからこそ1回目の緊急事態宣言を誰もが深刻に受け止め、日々の活動を自粛したのだ。ただ、その怖さは、異国に暮らす外国人にはよけいに増幅して感じられたのかもしれない。というのも、

「年金や、保険に入っていない人も多いんです」

コロナの感染拡大防止を呼びかける貼り紙も多言語表記

川口さんは言う。非正規雇用で無保険のまま働いている外国人はけっこういる。小さい子供がいれば加入している場合もあるが、そうでなければ「いまは元気だし、病院に行かなければ保険は必要ない」と加入していない人もいる。そのほうが手取りはたしかに増えるのだ。それに日本側の雇用主も保険料負担がなくなるわけで、平時ならばそれでお互い良かったかもしれない。しかしコロナのような非常事態となると、発熱しても医療費の自費負担を恐れて病院に行けず、苦しむ人も出る。

「非正規やアルバイトの外国人は、健康診断をすることがないんですよね。だから大きな病気になかなか気がつかない。コロナにかかった場合に危険な基礎疾患を、実は持っているという人もいるんです」

そのあたりは寄る辺ないフリーランスである僕も似たようなもので、言われてみれば健康診断なんか我が新宿区が国民健康保険の加入者を対象に実施している無料で簡素なものを数年前に受けたばかり。基礎疾患があったとしても僕自身に自覚症状がなければわかりようがない。外国人の中には国民健康保険にすら入っておらず、健康診断とは無縁のまま、日本で生きている人も少なくない。

「それに非正規だと、たとえ熱があっても仕事を休めない、とも聞きます」

小さな工場勤めの外国人も多い。そういう職場では少ない人数でたくさんの仕事を回していくのが常だ。もし自分が休んだらラインが止まってしまう。同僚にも会社にも迷惑がかかる。有休も取りづらい。人間も機械の一部であるかのようなブラックな環境では、発熱や咳があり、もしかしたらコロナじゃないのかと思っても、言い出せない空気があるという。その空気に外国人も呑まれてしまう。

川口さんに寄せられる悩みごとは、なかなかに深刻なものばかりだった。感染の怖さ、セーフティネットを持たない頼りなさ、言葉の壁、失業……ひとつひとつを聞きながら、2020年のうちは定期的に食料支援を続けた。

「本当にもうお金がなくなるって家庭が出てきたぎりぎりのタイミングで、10万円の定額給付金が始まったんです。この団地はブラジルの家族が多いのですが、だいたい4、5人で住んでいます。ひとりあたり10万円だから、世帯にすればかなり大きいでしょう。名古屋は入金が遅かったんですが、それでも5、6月にはひと息つけた。だいぶ助かったと思います」

この10万円給付だって、書類の作成となれば川口さんの出番となる。毎日40人ほどの申請書類を一緒につくった。当初は申請に必要な在留カードなどのコピーを取るために近所のコンビニに行列ができてしまったことから、「まなびや」でもコピー機を導入。次々に訪れる外国人をさばいていったが、

「まるでクリスマスのケンタッキーの行列みたいだった」

と川口さんは愉快そうに笑う。

こうして九番団地はコロナ禍最初の波を乗り越えた。2020年の秋くらいからは、いくらか雇用が回復し、クビになった工場で再雇用されたとか、働ける時間は少ないけれど別の仕事が見つかったとか、そんな話が舞いこんでくるようにもなった。セーフティネットがないという問題は相変わらずだが、心の不安は日本人と同様にいくらかは薄れていった。これは日本だけでなく人類社会全体にいえることだが、みんなコロナに慣れてしまったのだ。感染者の爆発的増大と、制約を受ける生活の中で、僕たちの誰もが、感覚がおかしくなってきている。

東海地方に日系人の労働者が多い理由

ところで、どうして九番団地にはブラジル人が、それも日系人が多いのだろうか。これは九番団地だけでなく、東海地方全般にいえることだ。ブラジルやペルーからやってきた日系人の労働者がたくさん住み、おもに工場で働いているが、話はバブル時代にさかのぼる。

現在とはまったく違った意味で人手不足だったあの時代、とくに労働力が足りなかったのは製造業の現場だった。日本人の若者に3K（きつい、汚い、危険）のイメージがある製造業はあまり好まれない時代になっていたからだ。そこで日本政府が着目したのは日系外国人だった。

ブラジルを中心にペルーやボリビアなど南米各地には、200万人を超す日系人が暮らしている。かれらの祖先はおもに明治から戦前にかけて、海を越えて移住した日本人だ。やがて2世、3世の時代となり、南米各国の社会に溶けこんでいったが、1980年代になるとブラジルはたいへんな不況に見舞われる。治安も悪化した。一方で日本は狂騒的な好景気だ。そんな状況で1990（平成2）年、出入国管理及び難民認定法（入管法）が改正・施行される。日系2世と3世、その配偶者に「定住者」という在留資格が与えられるというものだった。これは就労が許可された在留資格だったことから、社会不安の広がるブラジルを出て、祖先の故郷・日本をめざす人々が急増した。移民の子孫が、戻ってきたというわけだ。

かれらが住み着いたのは、人手の足りない製造業の現場、工業地帯のそばだった。茨城、栃木、群馬などの北関東、それに愛知、岐阜、三重、静岡といった東海地方。そうした地域に住み着き、暮らし始めるが、トラブルも多発した。なにせ10万人、20万人という数が、一気に流入してきたのだ。最盛期の2007年には38万人の日系ブラジル人、ペルー人が「定住者」として暮らすようになった。

かれらは日系人とはいえ、ブラジルやペルーで生まれ育ってきたわけだから、日本の言葉も文化もわからない。生活習慣の違いから日本人との間で諍いも起きる。子供が学校になじめずドロップアウトして犯罪に走るケースもあったし、差別を受けて日本人から暴行を受けるような事件もあった。日系人が言葉や文化を学んだり、日本での生活が円滑にできるような取り組みは、ほとんど自治体や民間の支援団体に丸投げされた。「国が企業の言い分を聞いて滞在資格をデッチ上げ、海外から都合の良い労働力を受け入れ、トラブルが多発した」という意味では、現在の技能実習制度に酷似している。

しかし、その結果この国でおおぜいの日系人が日々を営み、人生を過ごしてきた。摩擦はいろいろあるが、それでも「定住者」たちは30年を日本で生き、泣き笑いしてきたのだ。ついでに言うと、そのおかげで東海地方や北関東ではガチローカルのブラジルスーパーがあって、本

九番団地の中にあるブラジル食材店「マイ・ブラジル」

場の食材がそろうのは僕としては嬉しい。九番団地にも「マイ・ブラジル」という食材店があって、もちもちのポンデケージョ（チーズの詰まったパン）を取材の合間やたらと食べてしまった。僕のような「異国飯マニア」にとって、名古屋の味といえば味噌ではなく、ポンデケージョやパステウやシュラスコなのである。

かれら日系人が築いてきたコミュニティの上に、いまネパール人やベトナム人など「新顔」が増えてきている。トラブルはありつつも日系人が増えたことで、その地域に外国人を受け入れるアパートや職場や学校が増えていったのだ。外国人にとっては「住みやすい」環境を整えた日系人たちは、この10年で爆発的に増えた東南アジアや南アジアの人々にとっての「先輩」といえる。

高齢化とコロナ禍、ふたつの問題

そんな日系人たちも、年を取る。入管法改正のときに20代、30代で来た人たちがいま、50代、60代に差しかかっている。九番団地にも60代以上の外国人が70、80人はいるそうだ。今回のコロナ禍では、そんな高齢者から仕事がなくなっている。製造業の現場はやはり体力のある若い人が残るのだ。これを機にリタイアするという人もいるが、そのまま引きこもってしまうケースもある。外国人は家族で賑やかに暮らす人が多いが、中には独居もいるのだ。とくに男性だ。女性の場合は誰かしらと一緒に住んでいる人ばかりだが、男性はひとりきりの人もいて、あまり外に出なくなる。それが怖いのだと川口さんは言う。

「そういう人たちに少しでも出てきてもらうための食料支援でもあったんです。その場でできるだけ話をして、なにか困っていることはないかって聞いて」

だが、だいじょぶだいじょぶと笑うばかりの人も多いのだという。きつくても助けを求めない人がいるのは外国人も日本人も同じで、プライドや申し訳なさもあるだろうし、いままでどおりひとりでやっていきたいという気持ちもあるのだと思う。独居老人予備軍の僕には、なんとなくわかる。しかし、見守っている川口さんのような人々にとっては心配だ。これまでにも九番団地では、孤独死する外国人もいたのだ。高齢化は日本人だけでなく、移民たちにも忍び寄ってきている。コロナを機に「外国人社会の高齢化」という大きな問題がクローズアップされていくかもしれない、と思った。

「でもね、リーマン・ショックのときよりはましだと思うんです。あのときはいま以上にクビになる外国人が多かった。自殺を考える外国人もいたし、ダンナが客を取って奥さんが身体を売るなんて外国人の夫婦もいた。家賃が払えずに車で寝泊まりしている家族もいたし、親が失業して家庭が荒れて、居場所がなくなった子供たちが本当にいっぱいいた」

川口さんは振り返る。その光景を見て、なにかやらなければ、子供が安心して過ごせる場所をつくらなくては、と思い「まなびや@KYUBAN」を開いたのだ。そして子供たちを受け入れ始めた。言葉の問題から学校の授業についていけない子供たちに勉強を教え、ここにいてもいいのだという場所にした。やがて、子供たちが集まってくる。親も相談を持ちかけてくるようになる。そこから、リーマン・ショックで誰がどんなことに困っているのか、なにが必要なのか情報を集め、またどうすれば行政や支援団体が行っている対策をコミュニティに伝達し広めていけるかのノウハウを学んだ。

「だから、今回はそんなにどたばたしていないんです」

リーマン・ショックでの経験をもとに、コロナ禍でも食料支援をテコにしたアンケートから情報収集と対策につなげたが、それも最小限でいいと思っている。

「施しをするようなことはしたくないし、なにか生産性がないとって思うんですよ」

だから食料支援そのものも、九番団地の住民たちに手伝ってもらう。

「作業をしているうちに、日本人と外国人のおばちゃんどうしが仲良くなったりするしね。そのつながりを大事にしたいと思って……。あ、はーい！」

「まなびや」にお客さんがやってきた。住民のブラジル人の男性だ。子供がかかっている病院に出す書類をつくってもらいにきたのだ。川口さんはポルトガル語も交えながら、ていねいに書類に書きこんでいく。

かと思ったら、今度は若い女の子の姿。日系ブラジル人の子供だ。清掃の仕事をしているが、帰りに立ち寄ったそうだ。今度フリーマーケットで出したいのだという手づくりのアクセサリーを川口さんに広げて見せる。それからひとしきり、いまハマッている小説やら漫画の話をして帰っていったが、続いて男子ふたり組。

「あー久しぶりじゃん！　ロン毛になってる（笑）」

川口さんが声を上げる。

「一年ぶりくらいかなあ。いまなにしてるの？」

「僕はいま運送業で、トラック運転していて」

「コロナどう、大丈夫?」

「ええなんとか。ルールが厳しくなったけど。仕事はもらえてます」

「そっかあ、良かったよ……アキラくん、なにしてるの?」

「僕は大学通ってバイトしてます、バッティングセンターの」

「ムロハシさんこの子はね、小学校の頃は日本語わからなくて荒れてたんですよ」

「やめてよ〜」

「でも、よく小さい子たちの遊び相手、勉強相手になってくれてね」

ファッションも顔立ちも話す言葉も、日本人の若者にしか見えないふたりだけれど、ルーツは外国にある。親の都合で日本にやってきて、ずいぶんと苦労をしたのだろう。それでも「まなびや」の学習支援教室に通い、ここに居場所を見つけたのだ。だから大人になり、九番団地から離れて自立しても、ひょっこりやってくる。そして子供の頃のように、「まなびや」にいくらでもある本や漫画を広げて、我が家のようにくつろぐ。盛り上がるのは、「まなびや」の同級生たちの消息だ。誰と誰がいま付きあってる、あの子はいま彼氏と一緒に住んでる、あの子はどこそこで働いている……そんな話に、川口さんがいちばん食いついている。

「えーなになに、なんで別れたのちょっと待って!」

こんな距離感と親しさで、10年以上も子供たちに接してきたのだろう。だから、いまどきの若者たちが、コロナでの制限があるとはいえ、どこに遊びに行くでもなく「まなびや」の川口さんに会いに来るのだ。

コロナだから、あえて起業？

夜、「まなびや」を閉めた川口さんと、九番団地のそばにあるベトナム料理店に行った。外国人オーナーの店を回って、さまざまな支援金について知らせたり、申請の手伝いをしたり。そんな活動もしているが、そもそも彼女は僕と同じ異国飯マニアであったのだ。忙しいだろうに外国人コミュニティの多い名古屋を食べ歩いているわけだが、

「最近できた店なんですが、フォーがいけるんですよ」

と地元民に言われればは同類としてはぜひ行きたい。団地から歩いて5分ほどのベトナム料理店だった。いくつもの小さなスナックが入居する地方の歓楽街で見るタイプの雑居ビルだが、コロナのためかどこも営業はしていない。そんなスナックビルの3階というなかなか渋い立地だ。

「この店ね、ほかのレストランがみんな夜8時に閉めるから、コロナだしそういうものだと

思って自分たちも倣っていたんです。でも、支援金をもらえることは知らなかった」

それを聞いた川口さんが、愛知県が行っている営業時間短縮要請に応じた飲食店への支援制度を教え、申請のサポートをしている。

「支援策も次々に制度ができたり変わったりして、なかなかキャッチできない外国人もいるんです」

そう言ってフォーをすする。たしかにうまい。牛骨スープが取材で疲れた身体に染みる。すっかり川口さんとも仲の良い様子のベトナム人店主だが、オープンしたのはコロナ禍真っ最中の２０２０年12月だというから驚いた。この時期に飲食店を出すのは、けっこうな冒険だと思った。

「クルマ関連の会社で、機械部品の設計の仕事をしていたんです」

北部ハイフォン出身の店主は言う。技能実習生ではなく、「ギジンコク」の在留資格だったのだろう。ところが、やはり5月くらいからの減産で仕事が減った。給料もだいぶ少なくなってしまったのだという。

「そこで思いきって、辞めちゃいました。前から自分で商売をやりたかったんですよね」

やはりベトナム人の奥さんとふたりで独立し、貯金をはたいて会社を立てて店を借り、設計屋から食堂に転身をする。しかも、異国でだ。このバイタリティはなんなのだろうと思う。とりあえずやってみっか、というコシとノリの軽さは、あれこれ考えすぎてしまう日本人からすると、うらやましいような、恐ろしいような気もする。

名古屋市で外国人相談の窓口になっている「国際センター」でも同じような話を聞いた。コロナで仕事が減ったので個人輸入の商売をしたいのだが、在留資格の変更ができないだろうか。許可や届け出はどうすればいいだろうか。そんな相談が寄せられることもあるそうだ。

逆境だからこそ起業してやろうというかれらのエネルギーが、先の見えないコロナ禍の中でちょっとした灯火になっていくことを、僕は取材を進める中で知ることになる。

アルゼンチン×ブラジル人夫妻が立ち上げた教室

それはオジサンたちが想像するオンライン授業の、ずっと先を行っていた。スライドや動画、それに音楽も駆使して、子供たちを飽きさせないよう、楽しめるような工夫が盛りこまれている。視覚と聴覚をフルに活用していて、大人だって引きこまれるのだ。算数の問題や、それに昔話を使って国語を教えている先生の語り口調はフレンドリーで、ラフだがそのぶん親しみやすい。オンライン授業なんていっても、黒板の前でぶつぶつ解説する先生が遠隔になって画面の向こうにいるだけ、くらいにしか想像していなかった僕は驚いた。教育にしてエンタメでもあるように思った。

そんなオンライン授業を中心に、名古屋市港区で子供たちの学習支援教室「ZOE」を営んでいるのは、菊地クリスさん（33）と、菊地フェルナンダさん（27）のご夫妻だ。クリスさん

笑顔の菊地クリスさん（左）とフェルナンダさん（右）

はアルゼンチン出身、フェルナンダさんはブラジル出身というカップルである。ふたりで講師を務めながら、教えているのは日本に住むブラジル人をはじめとした外国人の子供たち。言葉の問題から、学校の授業にどうしても遅れがちな子供をサポートする。動画などを使いつつ、いま学校で進めている内容をやさしい日本語にしたり、ポルトガル語で教えていく。小学校1年生から中学校3年生までの、国語と算数（数学）を受け持っている。

「日本に住む外国人の子供って、私もそうだったんですが、日本語を流暢に話せても学習面になるとつまづくんです。そこを母国語も使うことで、学力を伸ばしていく」

そうフェルナンダさんは言う。これは外国人社会の歴史が長くなっていくと、どうしても現れてくる問題だ。親に連れられて日本にやってきた子供たちが、言葉がわからず学校の授業についていけない。あるいは日本に生まれ育った子供でも、日本語がネイティブであるのに、成績が低いことがある。

クリスさんもずいぶんと苦労をした。アルゼンチンから日本に来たのは16歳のときなのだ。静岡の焼津《やいづ》だった。すでに自然に言語を吸収できる年齢ではなかったし、15歳を超えていたので義務教育も受けられない。だから工場勤めになったが、そこで働くブラジル人たちにずいぶんといじめられた。かれらの話すポルトガル語と、アルゼンチンの母語スペイン語は、似てはいるけれどやっぱり違う言語だし、文化も異なる。そこに諍いも生まれる。

「言い返すためにポルトガル語を勉強しました」

しかし日本語はあまり話せない。それもあってグレてしまい、一時期はけっこう悪かったのだという。地元の日本人に誘われて、暴走族にも入った。

「でも、ヤンキーのみんな優しかったんですよ。そのおかげで日本語はかなり上達しました」

なんて照れながら言うクリスさんは、聴講生として高校に入り、やがて教会に通うようになって生活を改めた。そして専門学校に進学するために引っ越してきた名古屋の教会で、フェルナンダさんと出会うのだ。

そして付きあうようになったふたりは、ＹｏｕＴｕｂｅでの発信を始める。

「日本の学校の情報だったり、私が日本で受けてきた教育の経験について、ポルトガル語の動画にしてアップするようになったんです」

最初のうちは、日本の運動会ってどんなものなのか、水泳の授業ではなにを使うのかといった内容だったそうだ。日本人なら誰でも知っている常識のようなことも外国人にはわからない。だから水泳の授業にスクール水着ではなくビキニを持っていってしまって失敗したり、卒業式には親がパーティードレスみたいな格好で現れて大注目されたりといった行き違いも起きる。たぶん、些細なことに思えるそんなひとつひとつに、外国人の子供たちは恥ずかしさを感じ、胸を痛めている。

「ＹｏｕＴｕｂｅはそういうアドバイスから始めたんです」

と話すフェルナンダさんのほうは、２歳から日本に来ているので日本語の習得はできた。ポルトガル語の学校やブラジル人学校にも通っていたので、母語もしっかりしている。しかしＹｏｕＴｕｂｅを続けていくうちに、日本に住むブラジル人たちのフォロワーが増え、かれらからさまざまな悩みを聞かされるようになる。言葉の壁に苦しむ子供たち、それを見守る親の不安……。どうにかしたいと思った。

やがて大学を卒業したフェルナンダさんは、ＡＩＡ（愛知県国際交流協会）の多文化ソーシャルワーカーとして社会人のスタートをきった。ポルトガル語と日本語だけでなく、スペイン語や英語もできるフェルナンダさんはAIAでさまざまな相談を受けてきたが、やっぱり教育に特化した支援ができないかと考えるようになる。

一方でクリスさんは、培った語学力と経験を活かして、愛知県内で外国人の多い35の学校を回る巡回指導員となっていた。言葉のわからない子供たちの授業に寄り添ったり、なにかと心配ごとを聞くうちに、教育支援への気持ちが大きくなっていく。

そんなふたりが、「ZOE」を立ち上げた。「命」を意味するギリシャ語だ。「命を育てるって意味なんです」とクリスさんは言う。

こうして学習支援教室を始めたちょうどその頃に、コロナ禍が襲った。

一斉休校の影響で学校の授業についていけない

2020年2月27日から始まった全国一斉休校。その後4月7日に1回目の緊急事態宣言が出たこともあって、多くの学校で休校期間は5月末まで続いた。その後も地域の感染状況によって臨時休校や分散登校などが続き、夏休みの短縮なども行われた。きわめて不規則となった学校生活に困り果てた外国人の親たちからのヘルプが、創業間もない「ZOE」に次々と舞いこんだ。

「休校している間の授業は、まだ習っていないところのプリントを配布するだけって学校が多かったんです。でも外国人の親は、そのプリントを読めないから、なにも教えられない。このままじゃ子供の勉強が遅れてしまう、うちの子を教えてって問いあわせが増えていきました」

フェルナンダさんは言う。そんなコロナ禍で「ZOE」をスタートさせたが、もちろん人数制限をしながらだ。教室は2、3人だけにして感染対策を行ったうえでの授業となった。そこで外国人の子供たちを教えていて、感じたことがある。

「順調に伸びていた学力が、コロナを機にストップしたり、低下したり。これは、休校が明けてから学校で教えるスピードが速くなったことが影響しているようにも思うんです」

一斉休校は終わっても、いつまた学校が閉鎖になるかわからないのだ。そして学年ごとに決められたカリキュラムは、例年どおりこなしていかなくてはならない。そうなると、授業のスピードはどんどん速くなる。休校のときの授業はプリントワークでやっているからと復習などをする余裕もなく、先に進んでいく。日本人の子供たちだってたいへんなのだ。日本語がまだ身についていない外国人の子供は、さらに遅れてしまう。

また、小学校に上がったばかりの子供たちは、幼稚園児のままなのだとクリスさんは言う。

「小学校の入学式だけはしたけれど、新学期は登校できずに過ぎていきました。その間、日本の親は子供たちにいろいろ教えられたけど、外国人の親はそれができない。だから学校が始まっても、外国人の子供はたとえば〝起立〟〝気をつけ〟がわからない。落ち着きがなくて教室の中を歩き回ってしまう」

コロナと中学進学が重なると、さらにきつい。2020年に6年生で、1学期がほとんどなくなってしまった子は、学力も日本語力も足りない状態で進学することになる。そして中学校で待っているのは、レベルが上がったうえにコロナでペースが速くなった授業だ。そんな子供たちの学習支援に、ふたりは根気よく取り組んでいる。

「私たち『ZOE』の授業は週に1、2回だから、それだけで学校の授業についていくのはなかなか難しいけれど、それでもポルトガル語がしっかり身についている子はすぐに理解してくれます。でも、日本生まれで日本育ちの子が、学力が伸びないことがあるんです」

とフェルナンダさんは言う。意外なことに感じたが、「親に連れられてブラジルからやってきた、ポルトガル語しか話せない子」のほうが「日本に生まれ育って日本語がペラペラの子」よりも、日本の教育に順応していく傾向があるのだという。

日本で生まれた子供たちは、日本語の環境の中で生まれ育ち、会話には何不自由ない。「生活言語」は身についている。しかし、親の日本語はカタコトだ。だから、親から日本語で読み聞かせをしてもらったり、日本語の本を与えられたといった経験がない。すると幼少期に養われるはずの「学習言語」が、身体の中に育たない。生活言語と、その言葉で論理的に物ごとを考える「学習言語」とは、別モノなのだ。また家庭ではポルトガル語、家の外では日本語という環境は、どうしてもアイデンティティが揺れるし、核となる言語が確立しにくい。

しかし反対に、たとえば小学校の頃に日本にやってきたブラジル人の子は、たしかに最初は苦労する。日本語を一から学ぶ必要があるのだ。ところが言葉がある程度わかるようになって、日本の学校にも慣れてくると、学力はぐんぐん上がっていく。短いながらも母国で教育を受けていて、学習言語としてのポルトガル語がしっかり身についているからだ。この差が大きい。

落ちこぼれてしまうのはむしろ、日本語のわかる子のほうなのだ。だけど、その子たちへの親の期待は大きい。日本で生まれたのだから、私たちと違ってこれだけ流暢に日本語を話すのだから、きっと学校でもうまくやれると考える。将来を夢見る。しかし現実はなかなかに厳しく、成績は低空飛行だ。期待が重いぶんだけ、本人の挫折感もまた大きい。そんなことからドロップアウトしてしまう姿を、フェルナンダさんもクリスさんもたくさん見てきた。コロナ禍では、こうした子供たちもさらに増えてしまうかもしれない。

外国人の子供たちに目立つ「コロナ転校」

親の失職による、子供たちへの影響も計り知れない。2020年4月頃から、製造業の減産による首切りが横行し、日系人をはじめとする外国人の失業者が大量に出たことには触れた。かれらはいったい、どこへ行くのか。ブラジルやペルーではすさまじい感染爆発が続く。そもそも日本に来るために借金をしてきている人だって多いのだ。帰るわけにはいかない。

「仕事のある場所に、引っ越していくんです」

たくさんの学校を巡回して、子供たちの相談に乗っているクリスさんが言う。ある工場を切られたら、まだ仕事のある別の工場へと流れていくのだ。当然、別の市町村に行く場合だってある。引っ越すのだ。それに家賃が払えず、もっと安い市営住宅などに移っていく人もいる。だから子供たちは学区が変わって転校する。そうなると、せっかくできた友達とも離れ離れだ。学校どうしで日本語学習の引き継ぎがないこともあるし、日本語教室に通っている子も多いけれど、引っ越した先での日本語教室と、前の教室との学習の引き継ぎもなかなか難しい。いろいろなことを、また一から積み上げていかなくてはならない。僕も子供の頃に転校を経験したが、けっこうつらかったのを覚えている。そんな気持ちを、引っ越しで慌ただしい親には言い出せず、胸にしまいこむ。外国人だったらなおさらしんどいはずだ。この「コロナ転校」が本当に多いのだという。

「ある学校では、ブラジルの子10人のうち、9人が転校していきました」

こうして景気次第で、転校を余儀なくされるのが外国人労働者の子供たちなのだ。フェルナンダさんは「小学校の6年間で6校以上も転校した子を知っている」そうだ。居が定まらなければ落ち着いて学べず、どうしたって学力に影響が出る。それが不登校にもつながっていく。

「外国人は、それがふつうです」

フェルナンダさんはつぶやいた。この「流浪していく子供」の問題が、コロナ禍でさらに拡大しているようだった。

それに、コロナ禍ではさまざまな学校行事もなくなってしまった。修学旅行や運動会、野外学習……。

「だから、思い出づくりの機会も減っちゃったかなって思います」

フェルナンダさんは残念そうだ。

「外国人の生徒にとってね、学校行事って日本人の生徒と友情をつくれるチャンスなんですよ。もちろん学校でも一緒に過ごしているけど、ふだんの生活だとグループも決まっているし、ほかの子とはなかなか話す機会もないじゃないですか」

でも行事だったら別だ。いつもと違う環境の中で、あまり接点のない子とも会話を交わす。一緒になにか作業をすることもあるだろう。それをきっかけに仲良くなっていく。そして学校に戻ったら、また関係が深まっていく。とくに外国人の子供たちは、日本人の友達をつくりたくてイベントごとを楽しみにしている。

「新しい始まりの場がなくなっちゃったのはかわいそうですよね」

ふたりはそう言う。

オンラインだからこそのメリットもたくさんある

全国的に感染爆発が起きた2021年の8月、「ZOE」は授業をオンラインに移行した。感染対策という面ももちろんあったけれど、

「群馬とか静岡とか、いろんなところから授業を受けたいとお話をいただくようになったんです。はじめは、名古屋のこの地域（港区）中心でと考えていましたが、オンラインなら距離は関係ないですし」

と言うフェルナンダさんは、実際にオンラインで授業を始めてみると、子供たちの反応がずいぶん違うことに気がついた。

「すごく集中してくれるんです。対面よりもずっと。対面だと、人数が少なくても、やっぱりとなりとおしゃべりすることもあるんですが、オンラインだと話をしっかり聞いてくれるし、メモも取ってくれるし」

クリスさんも続く。

「それに後ろで保護者も見ているから、自分の子供のレベルがよくわかるんです」

子供たちは家の中で授業を受けているわけだから、親もその様子が自然と耳に入る。ポルトガル語や、やさしい日本語での解説だから、なおさらだ。親からは、「この間の授業を一緒に見ていたんだけど、どうもうちの子あまりできなかったみたいで……」なんて相談されることもある。

「保護者が、子供の教育についてしっかり考えるきっかけにもなるんです」

と言うクリスさんが、「オンライン授業と対面どっちがいいか」と子供たちに聞いてみたところ、「オンラインのほうが落ち着く」という答えが多かったのだそうな。

「自分の家の中で勉強できるし、わからないところについて質問するのがオンラインだと恥ずかしくないいんだって言いますね」

おおぜいのクラスメイトがいる前で手を上げるのは恥ずかしくても、部屋の中でネット越しだとそうでもない、という感じなのだろうか。

おじさんとしては逆にオンラインは落ち着かず、コロナ以降やたらに増えたＺｏｏｍ取材はどうにも空気感やインタビュー相手のキャラがつかめず、最低限の仕事はできるけれど質感や温度感の伴う記事がなんとも書きづらい。だけどそれがきっとトシというもので、若い世代はオンラインに順応していくのだろう。

「もちろんオンラインにはデメリットもあるんです」

フェルナンダさんが教えてくれる。

「対面だと、子供たちがなにを書いているか、どれだけ理解が入ったのかもよくわかります。でもオンラインだと、本当のところちゃんとノートを取っているのか、習得できたのかはわかりません。だから、本来は1時間かけて教える内容を、半分くらいにしているんです」

スピードを落として、ひとりひとりちゃんと学習できているかを確認しながら、授業をしていく。たしかに進みは遅いかもしれないが、確実に覚えてくれるのだという。

さらに、スライドなどを活用して授業を行っていくわけだが、これはあらかじめ用意しておくもので、対面であれば授業の内容を黒板に書いている間の退屈な、そして気が散る時間を子供たちは過ごさずに済む。

「だからテンポが良いんです。気をそらす時間がないから、最後まで集中してくれる」

そして宿題も出すのだが、ちゃんとこなしたかどうかは写真を送ってもらって確認する。学校の授業でわからないところが出てきたら、そこも送ってもらって一緒に考える。

こうして夫婦で試行錯誤しながら、ＩＴを巧みに使い、そしてなにより自分たちの苦労を重ねあわせて、新しい世代を育てていく。これはコロナ禍だからこそ生まれたスタイルでもある。

「2022年の4月からは、完全にオンラインにしようと思っています」

ふたりはそう話す。オンライン授業の利点を伸ばし、日本各地に暮らす外国人の子供たちの未来をつくりたい。

「やっぱり僕たちと同じ体験をしてきた人たち……友達を助けたいって気持ちです」

クリスさんは言った。

ほかにも「コロナだからこそ」生まれた変化がある。日本に生まれ育った外国人の子供たちは、「学習言語」はともかく、日本語をふつうに話し、日本の環境の中で暮らしている。日本人となにも変わらないのだ。「外国人と思われたくない」という気持ちも強い。だから親に反発もするし、日本語がカタコトの親の存在がときに疎ましいし、祖国への興味も薄い。

「でもね、ブラジルのことを知りたい、ポルトガル語を覚えたいって子が、何人か出てきたんです」

そう話すクリスさんの推測では、「ステイホーム」のために親と一緒に過ごす時間が増えたからではないかということだ。お互いに向きあい、話しあうことで、なにか気持ちに変化が出てきたのだろう。

コロナは大きな、世界的災害ではあるけれど、新生や再生のきっかけにもなっているのだ。そんなことを、クリスさんとフェルナンダさんに教わった気がする。

食料支援を続ける日系ペルー人

知多半島のちょうど付け根あたり、大野町《おおのまち》駅で名鉄常滑《とこなめ》線を降りた。まずはいったん、西のほうに歩いてみる。いくつかの店が並ぶ街道を越えて、古い家屋がまばらに残る住宅街を抜けると、すぐに海に出た。伊勢湾だ。そばには砂浜が広がっている。大野海水浴場と言うらしい。とはいえ、まだ4月半ばだからか、あるいはコロナ禍のためか、人の姿はない。

ビーチの奥には、海に面して大きな工場が連なっているのがよく見える。このあたりも中京工業地帯の一角だ。製造業が非常にさかんで、地域経済を支えている。その現場で働いている外国人も多い。

海を離れて、今度は東に歩いていく。名鉄の線路と矢田川を渡った先の小さな住宅街の中に「ワタナベストア」があった。中古車販売店のようで、値札をつけた車がたくさん並べられている。事務所らしき建物のほうに向かうと、中からはスペイン語かポルトガル語か、わいわ

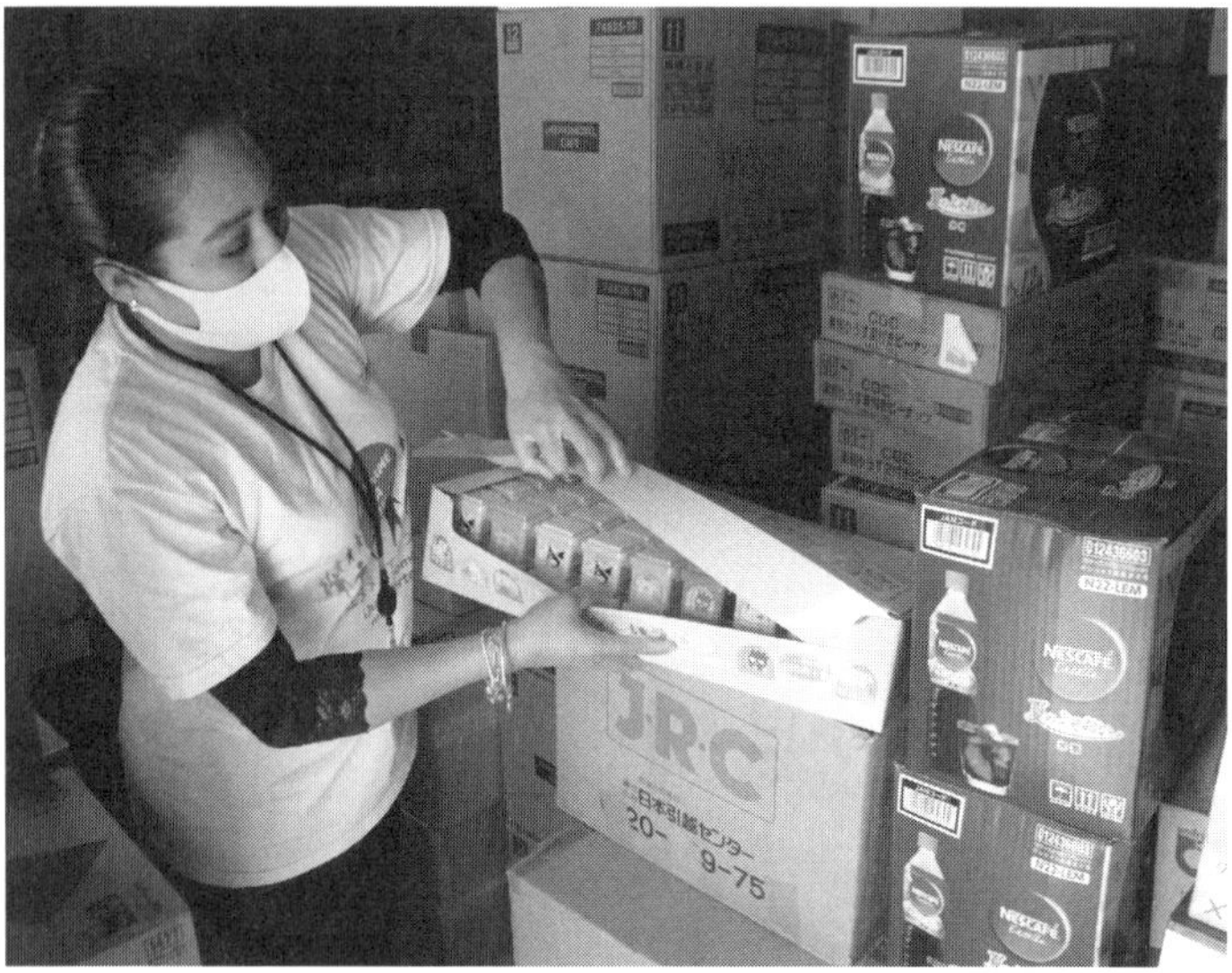

アユダメ・ア・アユダル代表の黒田ベリンダさん

い楽しげな異国の話し声が聞こえてきた。輪の中心にいたのが、黒田ベリンダさん（43）だった。

「これこれ、見てー。ついこの前、寄付してくれるってNPOから連絡があったから小田原まで受け取りに行ったんだけど」

名刺を渡すより先に案内された倉庫には、物資がまさに山となっていた。油、小麦粉、調味料、インスタント食品、ティッシュ、缶詰、ジュースやお菓子、パスタ……。自治体が備蓄している災害時の食料もあった。使用期限が近いものが放出されたらしい。プレハブ倉庫の中は段ボールがぎっしりと積まれており、相当な量に見えるが、

「これも来月でぜんぶ配り終わっちゃうと思う。受け取りに来る人が増えてるから

ね」

とベリンダさんは言う。彼女は日系ペルー人で、外国人が中心となっているボランティア団体「アユダメ・ア・アユダル」の代表だ。コロナ禍によって失業するなど生活に困っている人に食料支援を始めて、そろそろ1年になる。

「毎月第一日曜日に、ここで配ってます。毎回50くらいの家族連れが来るかな。ブラジルやペルーの人が中心だけど、フィリピン人もベトナム人も、それに日本人も来ます。碧南《へきなん》とか西尾、半田、大府《おおぶ》あたりの近場の人もいれば、三重から来る人もいるね。いくつかの家族がクルマに同乗して、ガソリン代はワリカンで」

とにかく喜ばれるのは米と油だそうだ。人気だというトルティーヤは冷凍して保管している。それに外国人の家庭は小さな子供がいるところばかりなので、おむつや粉ミルク、お尻拭きも重宝される。どれも買うとけっこう高いのだ。出汁や味噌汁など日本の食材もたくさんあるが、

「日系人はふつうに食べるからね。味噌汁は私もつくるよ。味噌汁とおにぎりだけでも、お腹にたまるでしょ。栄養にもなるし」

支援物資はNPOから送られてくるものもあれば、話を聞きつけた日本人が届けに来てくれたりもする。外国人からも寄せられる。ワタナベストアの軒先に置かれていることもあるそうだ。

「昨日はびっくりしたよ。たくさんのおむつとティッシュペーパーが日本人から届いたの。こういう人たちがいなかったら、こんな活動とてもできないよ。助けになる」

支援しているほうも外国人の失業者

「アユダメ・ア・アユダル」の存在は口コミやFacebookで知られるようになり、食料を求める人は毎月だんだん多くなってきた。「コロナ不況」を肌で実感している。

「このへんだと半田あたりはたいへんですよ。失業した外国人、すごく多い。だいたいうちのスタッフだって、コロナで仕事なくなっちゃった人ばっかだし」

そう言って苦笑する。そもそもベリンダさん自身が失業者だ。コロナのために仕事が減り、2021年の1月に退職した。いまも求職活動をしながら、「アユダメ・ア・アユダル」を続けている。

「これだけ仕事してないのって日本に来てから初めてだよ。子供は下の子が小学校4年生で、上の子はこの4月に中学校に入ったばかり。制服、体操服、カバンとか、いろいろお金がかかってタイヘン。これから部活も始めるだろうしね」

なんて言いながらも、ラテンの血なのか陽気に笑う。

ベリンダさんとアユダメ・ア・アユダルのスタッフたち。右から２番目がワタナベさん

ほかのスタッフもベリンダさんと同じ日系ペルー人や、日系ブラジル人が多い。いま登録しているのは36人で、自分たちのできる範囲で集まってくる。日本人の高校生もいて、週末には手伝ってくれるそうだ。友達も連れてきてくれるから助かるよ、とベリンダさんは言う。平日も手が回る人たちがやってきては、各所から寄せられる物資の仕分けに汗を流す。

「仕事ないからって、なんにもしないよりはね」

と、きっと不安も抱えているだろうけれどみんな楽しげに話しながら、物資の中からお菓子を集めている。いくつものキャンディやチョコやグミを袋から開けて一緒にし、色とりどりのごちゃ混ぜにする。1・

5リットルのペットボトルの下3分の1を切ってカップのようにして、そこにお菓子を詰めあわせ、色紙でくるんでかわいくラッピングしていく。子供が少しでも喜ぶようにとの工夫だ。「食料を取りに来る親の事情はいろいろだけど、子供がかわいそうだからね」

こうした作業に必要なものはみんなでお金を出しあう。小田原まで出向いた4トントラックもレンタカーで、ガソリン代とあわせて4万円ほどかかったそうだ。それでも、この場をなくしたくはない。「アユダメ・ア・アユダル（Ayudame A Ayudar）」はスペイン語で、「助けあおう」「力をあわせよう」という意味なのだそうだ。

ペルーに渡った日本人の子孫が、今度は日本にやってくる

ベリンダさんはペルー北西部、太平洋にも近いピウラで生まれた日系3世だ。祖父が熊本からペルーに渡っていった日本人なのだという。

ペルーにおける日系人の歴史は、120年以上に及ぶ。きっかけはペルーに白人支配層が残した大規模農園の人手不足だった。1824（文政7）年にスペインからの独立を果たしたペルーではその後、奴隷制を廃止。それまで農園での働き手だった黒人奴隷に変わる存在として、アジア人の移民が求められたのだ。まず中国人の労働者が流入していったが、日本人移民79

0人を乗せた船「佐倉丸」が太平洋を渡ったのは1899（明治32）年のこと。これは南米への日本人移民では最も早いものだった。

日本人は慣れない気候と文化の中、綿花や砂糖などのプランテーションで重労働に従事し、ずいぶんと苦労をした。不当な低賃金や差別も多かったらしい。いまとは逆に、日本人が海外への出稼ぎできつい思いをした時代があったのだ。

それでも少しずつ現地社会になじみ、溶けこみ、レストランや床屋、雑貨屋など多様なビジネスを始める日本人も出てくる。1920年から30年代にかけても日本人移民は増え、首都リマには大きな日系コミュニティが目立つようになっていく。第二次大戦中はアメリカに同調したペルー政府によって財産が没収されたり、排日暴動が起こるなど厳しい時代だったが、戦後はペルーに深く融和していく。日系人は2世、3世の時代となり、社会のさまざまな階層に浸透していくが、1990（平成2）年に日系2世のアルベルト・フジモリ氏が大統領に当選したことがその象徴的な出来事だったかもしれない。ちなみにフジモリ氏の両親も、ベリンダさんの祖母と同じ熊本の出身だ。ペルーへの移民は開始当初、新潟県、山口県、広島県の出身が多かったが、その後は九州や沖縄からも増えていったそうだ。

フジモリ氏当選と同じ1990年に日本の入管法が改正・施行され、日系2世と3世、その配偶者が日本に定住し就労できるようになったことはこれまでも触れた。いままでとは反対に、ペルーに根づいた日本人の子孫が、日本へ逆移民してくる流れが生まれた。ベリンダさんもそのひとりだった。

「お父さんの会社がつぶれちゃって、病気にもなっちゃってね。私はちょうど大学に通っていたんだけど、学費に困っちゃったのよ」

だから日本で1年間だけ働いて、大学に通うお金を貯めたらペルーに戻ろう。そう決めて日本にやってきたのは1998年のことだ。

「日本に来て、こっちでハタチになったからよく覚えてる」

はじめは名古屋の港区で1年働き、その後に半田市へ。クルマ関係の工場だった。それからは仕事にも日本にもすっかり慣れてしまい、1年のつもりがもう23年だ。その間、2008年にはリーマン・ショックに伴う製造業の大減産も経験したが、

「あのときより、今回のコロナはきついかもしれない」

と言う。この愛知取材では「リーマンのときはもっと失業者が多かった」と話す外国人、日本人が目立ったが、ベリンダさんの体感は逆だ。彼女のまわりでは職とお金に困る外国人はコロナのほうが多いようだった。

見かねて2020年5月から食料支援を始めたわけだが、「アユダメ・ア・アユダル」ができたのはその前、2019年のこと。もともとは地域の児童養護施設の子供たちと交流するた

めの集まりだった。誕生日にケーキを持っていったり、クリスマスにはサンタの格好でプレゼントをしたり。ところがコロナ禍のために人が集まるそんなイベントも難しくなり、ちょっと寂しさを感じていたところ、失業して生活に困っている人が増えているという話をよく聞くようになる。とくに2020年の春はひどかった。そこで仲間たちと見よう見まねで支援活動を始めてみたというわけだ。

「外国人から先に切られる」

食料支援にまず必要な「場所」を、快く提供してくれたのはワタナベストアだ。経営するワタナベ・マサホさんは日系ブラジル人の3世で、愛知の方言と朴訥な感じが印象的なイケおじだ。月に一度の食料配布のときは、売り物のクルマをすべて移動させ、敷地内を仕切って誘導路をつくり、訪問者がドライブスルーで物資を持っていけるようにする。

「本当はひとりひとりと、ゆっくり話したいけどどね」

なるべく「密」をつくらないという工夫なのだ。外国人も車社会で暮らす知多半島の特性を生かしている。それにワタナベさんは、次々と届けられる支援物資の保管場所になればと、プレハブまで建てたのだ。なかなかの負担だとは思うのだが、

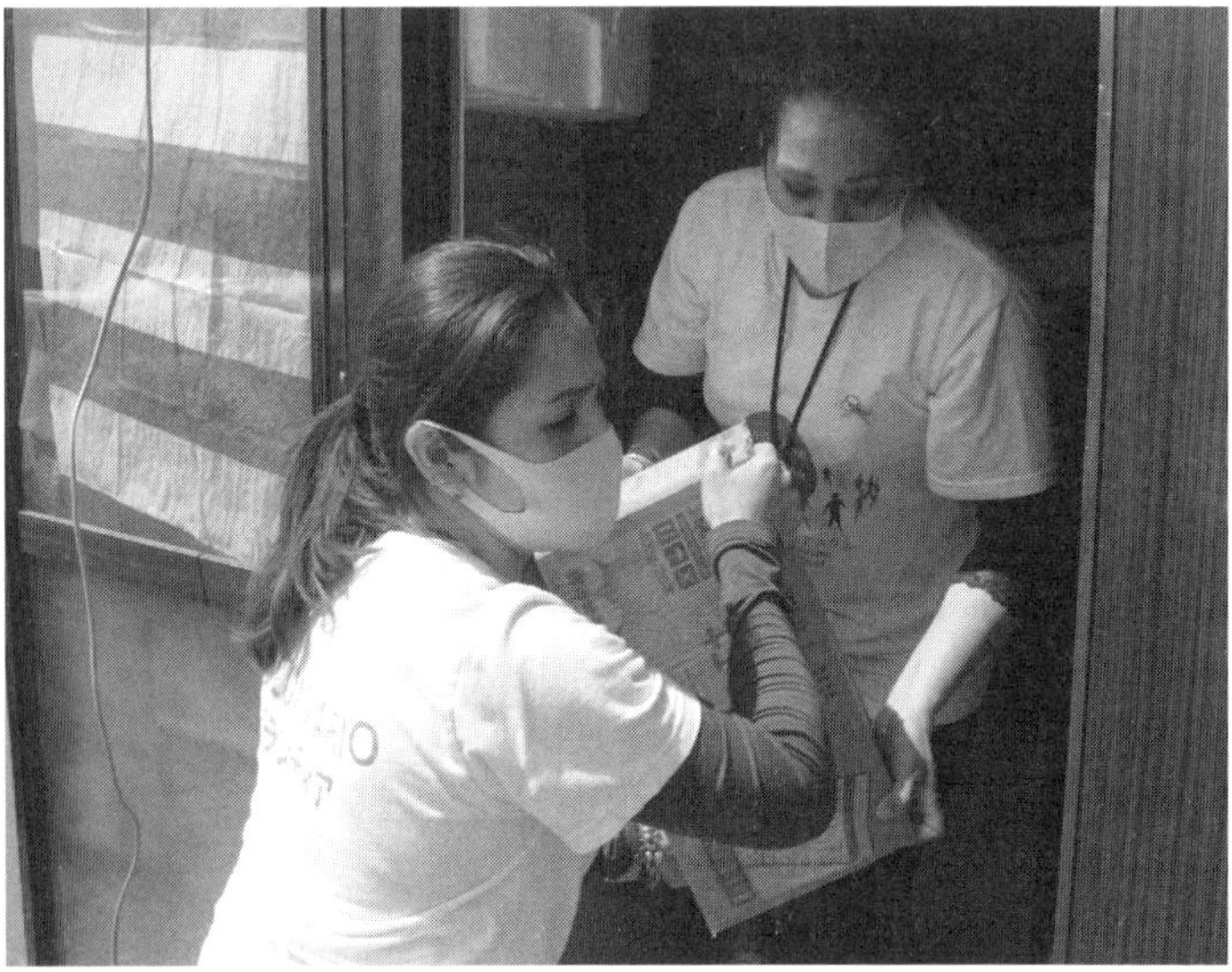

ワタナベさんが食料倉庫として建ててくれたプレハブから荷物を運び出すベリンダさんたち

「こっちも楽しんで手伝ってるんでね」

そう飄々と言う。「本業」のほうももちろんコロナの影響はあるが、いまのところはどうにかやれている。

「うちはお客に日本人も外国人も、どっちもおるからなんとかやれてる。でもいまは外国人の中古屋も多いでしょう。そういう店で、外国人だけがお客ってとこはきついと思う」

そしてやはり、まわりでは首切りに遭う外国人がかなり多いのだという。

「今年（2021年）に入って少し仕事も増えてきたけど、それでも半年とか1年ずっと仕事が見つからないって人もいるよね」

ベリンダさんも話に加わる。

「うちのFacebookのほうにも、どうしたらいいのかって問いあわせが増えてる」

「年齢で困っているって話も多いね」

45歳がボーダーラインとなって、解雇されたり、あるいは仕事にありつけないケースが出てきている。雇用対策法によっていちおうは、年齢によって採用対象から除外されることがあってはならないとされているが、厳格に守っている会社ばかりではないのが現実だ。それに解雇される外国人労働者の多くは、雇い止めに遭いやすい派遣社員だ。雇用期間の更新を拒否されて、外国人失業者が増えていく。そのかなりの部分が中高年だ。

1990年の法改正から急増した日系人たちも、ずいぶんと年を取った。その間にこの国で生活の基盤をつくり上げ、家やクルマをローンで買い、子供を学校に通わせている人もたくさんいる。そんな働き盛りの層をコロナ禍は直撃した。

「マイホームのローンが払えなくなって、手放さなくてはならなくなったブラジル人が〝この家は神さまの思し召しで手に入ったものだから絶対に離れたくない〟と言って、揉めに揉めた」

なんて笑うに笑えない話も、別の支援団体から聞いた。

「それに病気を持っている外国人も増えてる。そんな人たちも今回クビになってる」

とベリンダさんは言う。がんや心臓病で手術をして身体が弱い人もいれば、介護の必要な世代もどんどん増えている。当たり前だが移民社会だって高齢化するのだ。それでもまだ働かなくてはならないけれど、コロナで失業してしまって次の仕事が見つからない、働ける日数が半分になったり残業がなくなって生活が苦しい……そんな人たちが、「アユダメ・ア・アユダル」を知って食料をもらいにやってくる。

「中には、雇用保険がない会社で働いてたもんで、クビになっても失業手当がないって人もおるね」

ワタナベさんが言う。これもまた、取材の間よく耳にした話だった。

名古屋市で多言語による情報提供や相談を行っている「国際センター」によると、社会保険に入っていない外国人からの相談もたびたびあるそうだ。来日したばかりでまわりにも頼れる同胞が乏しい外国人の中には、労働者の基本的な権利を知らない人もいる。それに外国人の場合、本人にその自覚は薄いが「個人事業主」という契約で働いている人もけっこう多い。会社側はあくまでフリーランスにギャラを払っているという立場で、社会保険までは面倒を見ない。それがどういうことか、よくわかっていない外国人もいる。平時ならばそれでいいかもしれないが、事故や病気のとき、そして景気が悪くなったときに無保険の重大な意味をようやく知るのだ。またコロナ禍を理由に、社員をいったん解雇されて、会社からの委託契約つまり個人事業主になるという外国人も出てきているという。こうして会社側は社会保険の負担がなくなるが、外国人はセーフティネットを失う。

そしてコロナ禍に苦しむ現場では、「同じ職場の同じ社員でも、まず外国人から切られる」のだと、ベリンダさんもワタナベさんも口をそろえる。

「よくあることだよね。同じハケンでも、日本人は残る、外国人はクビ。景気が良くなったらまた雇うからって説得されて」

なかなかにえげつない話ではあるのだが、ふたりはこうも続けるのだ。

「仕方ないよ、会社だって困ってるんだしね。どうしようもない」

こんな話を、外国人は怒るでもなくむしろ苦笑しながら話す。「外国人なんだから、先に切られるのはしょうがないよ」と誰もが言う。それは日本人である僕に対して一歩引いて見せる気持ちもあったのだろうけれど、それ以上に「そんなもんだ」という諦観、割り切りを感じた。どこの国だって、まず自国民が優先だろうと、自然に受け止めているし、「外国人を差別するな」と声を上げることもない。世の中は平等ではないのだと、よく知っているのだ。だから例の10万円給付にしたって「えっ、俺たちも対象なの？」と驚いた外国人は少なくない。

とはいえ、景気次第であっさり解雇される先の見えない不安感の中で暮らし、子供を育てていくのだ。移民とはこういうことでもあるのか、と思わされた。

「でもね、いろいろあるけど楽しくやってるよ」

ベリンダさんはやっぱり明るく言う。ラテンのノリと、日本の下町のおばちゃんのノリがミックスされたような人なのだ。

「私たちの活動をね、遠くから手伝いに来てくれる人も増えたの。日本人も外国人もいる。みんなファミリーみたいに仲良くなったよ。それが嬉しいよね」

誕生日プレゼントは解雇通告

金山駅から、ＪＲ東海道本線に乗った。帰宅ラッシュの時間帯とはいえテレワークもいくらかは進んでいるのだろう、混雑はさほどではない。そんな電車の中に、技能実習生だろうか、作業服姿のベトナム人たちがいる。南米系らしき人も、やはり作業服で疲れた顔だ。まわりの日本人と同じように、マスク姿でスマホに目を落としている。

通勤客の中に、外国人労働者が交じる。それは東京では、意外に見ない光景だ。東京に住む外国人は留学生や商売人やホワイトカラーの職場に勤める人が多く、生産現場で働く外国人はあまり目立たない。そうした仕事が都内には少ないからだ。留学生たちはアルバイト労働者という側面も強く持っているが、職場は飲食やコンビニが中心だ。事情を知らない日本人にはみんな同じように見えるかもしれないけれど、作業服姿の外国人労働者と距離が近いのは中京地

かわいい盛りの子供たちを抱くカネダ・ロムロさん夫妻。コロナ失業のため生活は苦しい

方の特徴かもしれないと思った。

大府の駅で降りる。西口のロータリーから住宅地に入り、石ヶ瀬川の堤に沿って歩いていくと、手を振る人たちの姿が見えた。わざわざ出迎えに来てくれたのか。カネダ・ロムロさん（33）一家だ。日系ブラジル人で、「アユダメ・ア・アユダル」の食料支援を受け、どうにかしのいでいる。奥さん（33）と、暴れ盛りの元気な3歳児、かわいらしい1歳児も一緒だ。それに近所に住んでいる、やはり日系ブラジル人の女性アリシアさん（仮名）と、彼女の娘もやってきた。

「私たちは通訳代わり。カネダさんも奥さんも日本語ほとんどわからないから」

そう言われて、団地の一室にお邪魔した。キッチンとリビング、それにふすまの向こうは寝室だろう。少々手狭な1LDKだが、冷蔵庫には役所や病院の連絡先や、子供の予防接種の日付などをポルトガル語で書いた付箋がたくさん貼り付けられていて、戸棚には使いこまれたブラジルの調味料が隙間なく並び、台所まわりの生活感は日本人の母ちゃんとあまり変わりがない。床には防音マットが敷かれていた。上の子がやたらと走り回るからだろう。その子をひざに抱きながら、カネダさんはアリシアさんの通訳を介して言った。

「最高の誕生日プレゼントだったんだ」

2020年の4月30日。32歳を迎えたこの日に解雇を宣告されたのだと、カネダさんはジョーク交じりに語る。クルマの部品を検品する仕事で、100人以上が働いていた工場だったが、コロナ禍で減産となったことが響き、派遣の外国人12人がクビになった。ブラジルやペルー、ボリビア、コロンビアなど国籍はさまざまだ。「明日から来なくていい」と、いきなりの通告だった。

幸い、雇用保険には入っていたので失業手当が出たけれど、次の仕事が見つからない。奥さんは生まれたばかりの子供を抱えていて、働くことは難しい。ブラジルの実家への送金や子供ふたりの養育費もあって、ふだんから生活はカツカツだった。そんなときに「アユダメ・ア・アユダル」の活動を知った。

「コロナ前にベリンダさんのイベントに行ったことがあるんだ」

趣味がギターだというカネダさんは「アユダメ・ア・アユダル」が催した養護施設のイベントで演奏したことがあったのだという。それが縁でベリンダさんと知りあい、失業後は支援を受けている。おむつは本当に助かるそうだ。

それでも7万円の家賃がなかなかに厳しく、社会福祉協議会から借り入れをした。大府市役所からも家賃の支援を受けているそうで、アリシアさんもはっきりとはわからないそうだが、これはおそらく市の住居確保給付金のことだろう。こうした手続きは大府市役所が通訳を介して手助けしてくれるのだという。それに日常のこまごまとした困りごとは、アリシアさんのように日本暮らしが長く日本語が達者な知人が手伝ってくれる。こうして日本語があまり話せずに暮らしている外国人は、とりわけ生産現場の労働者層に多い。そんな人々が、この国の製造や建設や農業や漁業を支えている。

そしてカネダさんやアリシアさんのまわりでも、やはり外国人から先に解雇されるケースが多いそうだ。

「まず年齢で切られて、次に日本語力が低い人から順にクビになる」

コミュニケーションのとくに必要ない単純労働の現場ほど不況の影響を受けやすく、減産となればまずカットされてしまう部分なのだ。

「2020年の4月はとくに外国人の失業が多かった。クビにならなくても、週に2、3日だけの出勤になったり、残業がなくなったり」

それでも2021年に入ってから、大府周辺でもようやく仕事の量が少しずつ回復してきた。カネダさんも2月にクルマの部品工場の口を見つけた。時給は1350円でそこそこ良いほうだというが、

「残業がまったくないから月にすると20万円くらい。子供がふたりいるとまだまだたいへん。前の会社は残業が多かったし、時給が25％上がる夜勤にもよく入っていたので」

時給と体力で稼ぐ若い外国人にとって、残業はきわめて重要なのだ。子供がもう少し大きくなって奥さんが働けるようになるまでは、苦しい家計は続きそうだ。

かれらを弱者と呼んでいいのだろうか

帰路、大府駅に戻ると、改札の外のベンチに南米系の人らしき女性と、小学校低学年くらいのふたりの子供がいた。父親の帰りを待っているのだろうか。しかし子供たちはほかの客おかまいなしでアイスクリーム片手に走り回り、大声を上げ、取っ組みあう。アイスがべちょべちょと地面やベンチにこぼれるのも、子供たちを避けて帰宅していく日本人からの冷たい視線

も、母親は気にする様子がない。スマホを眺めるばかりだ。その一角だけ、異質だった。気になって、話しかけてみた。案の定だが、日本語はまったく通じない。コンバンワも、ナニシテマスカも、ひと言もわからない。興味深げに寄ってきた子供ふたりも同様で、かんたんな挨拶も理解できないようだった。僕は母親に怪訝な顔をされ、スペイン語かポルトガル語かわからないが、逆になにやら鋭い言葉を浴びせられてしまった。

この状態で異国で暮らして、果たして幸せなのだろうかと思う。いろいろ事情はあるだろう。来日したばかりなのかもしれない。でもそれなら、言葉がわからないなりにまわりを見渡して雰囲気をつかんで、せめてなじもうとしてほしい。文化がどうであれ、子供たちがまわりに迷惑をかけていることはわかるはずだ。

こうした外国人にも、取材を続けているとよく会う。かれらはコミュニケーション能力が低いのだから、コロナ禍のような非常時にはたぶん困窮するだろう。でもかれらを一概に「弱者」と呼んでいいのだろうか、とも思う。

ベリンダさんやワタナベさんのように、日本に溶けこみ、尊敬の念を抱くような外国人もたくさんいる。一方で、言葉を学ぼうとせず、日本を知ろうともせず、なにもかも通訳や知人頼りで、いざというときに困り果てるような人もいる。日本に住む外国人はいまやおよそ300万人もいるのだから、その性質も多様化しているということでもあるのだろうが、悩ましさもまた感じてしまうのだ。

Chapter 3
コロナに感染した外国人たち

外国人の感染者は、日本人よりも多いのか

「外国人がコロナをまき散らしているのではないか」

そんな疑念を抱く日本人は、多いのだろうと思う。もともと中国の武漢《ぶかん》に端を発したウイルスなのである。コレラだってスペイン風邪だって、外国から流入してきたものだ。海に守られた島国なのに、どうして外から疫病が、と憤る人もいるだろう。災いや異物は海の向こうからやってくるものだと日本人は考えてきたのだ。

そして日本国内の感染拡大を助長させているのは、日本に住む外国人ではないのか。そう思う人もいる。日本人よりも、握手やハグやキスなど肉体的接触によるコミュニケーションを大事にする文化を持つ人が多いこと、メディアを通じて欧米やインドや中南米のすさまじいまでの感染状況が伝えられていること、日本人よりも衛生的ではないはずという思いこみなどが、

もとになっているのだろうか。

しかし僕のまわりの外国人たちを見てみると、日本人以上に神経質になって、極力外出しないというような人もいる。レストランを経営している知人のネパール人は、

「うちのコックは良い腕をしていて、彼のおかげでお客を呼べているんだけど、コロナが怖いので家から出ないって連絡があったきり、ずっと欠勤だよ。おかげで店を開けない」

と嘆いていた。

一方で、自宅などにたくさんの人を招いて、パーティーを開き、その様子をFacebookで配信しちゃう外国人もけっこういた。僕にもリンクを送ってくるので見てみれば、もちろんノーマスクで酒飲んで歌い踊って、なかなか楽しそうではあるのだが、「おいおい……」とため息が出る。せめてSNSにアップするなよと思うが、そこはやっぱり楽しみを共有したいのだ。

それに祭りだ。ネパールでは毎年10月に「ダサイン」という一年で最大の祭りが催される。ヒンドゥー教の女神ドゥルガーが悪魔に勝利したという伝説にちなむものだが、このときは家族・親戚が集まってお祝いをする。日本の正月のようなものである。コロナ前であれば、僕の住んでいる新大久保ではダサインの時期になると色とりどりのサリーに身を包んだネパール人の女性たちが街を歩き、実にきらびやかだった。レストランなどに集まってみんなで大騒ぎし

て、年に一度のハレの日を楽しむのだ。

新大久保の年中行事のひとつのようでもあったが、2020年はさすがに無理か……と思っていた。小池百合子都知事もダサイン直前の記者会見で「ネパールのお祭りが予定されているので、感染対策を徹底するように」と呼びかけた（ちなみに小池都知事は多言語で感染防止対策を発信する東京都のYouTubeチャンネルに自ら出演。ネパール語やベトナム語、タガログ語などで外国人在住者にアピールし、好評だった）。

だが、レストランではなく個々の家に集まり、規模を小さくしつつも敢行する人が、中にはいた。そして案の定、感染する人も出てしまった。新大久保だけでなく、日本の各地で「ダサイン・クラスター」がいくつか発生している。

こういうことがあるから、「だから外国人は」と言われてしまうのだ。なぜこの時期に集まってしまうのか。

しかし、僕は自分が「外国人」だった頃を思い出してみる。10年ほど住んでいたタイでは、日本人どうしよく集まっていたものだ。日本に帰国したいまよりも、食事会やらパーティーやらのお誘いは、ずっと多かったように思う。異国で働き、暮らす、心細さや不安もあっただろうし、お互い仕事や生活の面で助けあおうという気持ちも少なからず持っていたと思う。それが外国人というものだ。「日本人は海外では日本人どうしで群れる」と批判的に語る人もいるけれど、それは実に自然な現象であると思う。同郷の人間どうしで力をあわせていこう、お互いに寂しさを母国語で埋めあおうというのは、きわめて当たり前の気持ちだ。そうして日本人コミュニティに片足を置き、もう一方の足をタイ人社会に置き、僕はバンコクで10年を過ごした。これは日本人だけではない。タイに生きる、たとえば中国人もアメリカ人もミャンマー人もロシア人も韓国人も、同じようなものだった。

そして日本に住む外国人も、同様なのである。故郷の祭りやイベントにかこつけて集まりたい、会いたいという気持ちは、国にいたときより強いはずだ。コロナ禍のような異常事態となればなおさらだし、人となるべく会ってはいけないと言われればより人恋しさは募る。もともと、いま日本に増えている東南アジアや南アジア、中南米の人々は、日本人以上にさみしんぼうだ。それをコロナと、異国暮らしが増幅させる。密だとわかっていながら、集まってしまう。

とはいえ、だ。

「日本では外国人のほうが感染率が高い」という明確なデータはない。国の方針によって、感染者の国籍は公表されていないからだ。それでもときどき自治体によっては、技能実習生の寮や、同じ会社で働く外国人の間でクラスターが出たと発表がある。それはニュースにもなる。「やはりあいつらか」と受け止める人も出る。地域によっては日本人だって感染者とわかると差別されるのだ。外国人となれば、なおさら視線は厳しいものになる。外国人がいなければ、コロナが広まることはなかった……。

しかし、地域社会を構成する労働力の一員として外国人を考えたとき、ちょっと話は違ってくる。外国人はどうしても、感染しやすい状況に置かれていることがあるのだ。

感染リスクの高い現場を外国人が支えている

「身体が弱っているんじゃないかと思うんですよ」

そう話すのは、東海地方でネパール人留学生向けの寮を運営する日本人Mさん。自身の寮でも感染者が出てしまったが、その原因のひとつとして疲労による抵抗力の低下があると考えている。

「昼は日本語学校に通って、夜はアルバイト。みんなほぼ夜勤です。深夜12時から朝7時まででとかね。コンビニとか、配送が多いでしょうか。そのアルバイト先で、コロナをもらってくることがあるんです」

ろくに眠っていないのだ。その疲れが、抵抗力を低下させ、コロナ感染を招く。Mさんはそう考えている。

こうした配送の現場はネパール人だけでなく、さまざまな外国人が働く。倉庫でひたすらに仕分けをする仕事で、身体はきついけれど話す必要がない。日本に来たばかりで、まだ言葉がおぼつかない外国人でも働けるのだ。そしてコロナ禍の「巣ごもり需要」によって、ネットショッピングをはじめ通信販売の需要は急激に伸びている。人手が足りない。そこを外国人が埋めている。

「現場までは、バスが出るんです。それに乗って外国人も毎日出勤します。現場の場所によっては移動に2時間ほどかかることもあって、それも負担になっているのですが……」

バス自体が感染経路となりかねないのだという。これは外国人を雇用している多くの肉体労働の現場に共通していることで、最寄りの駅などから職場直行のバスを運行している会社がかなり多い。現場はたいてい公共交通機関からも遠い郊外にあり、外国人には運転免許証を持っていない人もいること、管理のしやすさなどから走らせているのだが、平時であれば通勤が楽で助かるこの制度も、コロナ禍では危険なものとなってしまう。

こうしてコロナに感染してしまった外国人が帰ってくるのは、同じような立場の同胞たちが暮らす寮だ。外国人に部屋を貸してくれる大家や不動産屋はまだまだ少ない。だから外国人でも入居できる物件への集住が進む。それも同国人どうしで固まる傾向にある。「うちのアパート、外国人OKだよ」と仲間うちの口コミで広がっていくからだ。単身でひと部屋を借りるのはきついからルームシェアをする。加えて、仲良くなった連中と部屋どうしでの行き来もある。

こうなると感染者がひとりいれば、あっという間にまわりにも広がっていく。これは技能実習生の寮や、Mさんのような留学生寮でも同じだ。

そして感染がわかっても、言い出さないケースがよくあるのだという。

「とにかく隠すんですよね。働けなくなるからです」

コロナとわかればホテルや自宅での隔離か、入院だ。アルバイトどころではない。そうなると仕送りができない。留学生であろうと、アルバイト代を故郷に送ることはほとんど義務のようになっている。日本には学びに来てはいるのだが、それ以上に働きに来たのだ。稼がなくてはならない。そもそも仕送りの前に、生活費が払えなくなる人もいる。だから、多少の熱くらいは我慢して、今夜も配送の現場へと出勤していく。

「それとネパール人の場合ですが、コロナ感染してしまったことが恥ずかしい、誰にも言いたくない、という気持ちも強いようです。国民性かもしれませんが」

物流や小売りといった仕事は、いわゆる「エッセンシャルワーク」だ。社会インフラを維持するために必要な仕事といった意味で、コロナ禍で注目された言葉のひとつだろう。ロックダウンや緊急事態宣言下でも働き、人々の暮らしを支えるが、同時に感染リスクの高い仕事でもある。そこを、外国人がかなりの部分で担っている。外国人の感染率が日本人に比べて高いのか低いのか、国がデータを公表しなければわからない。だがかれらは感染しやすい現場で働き、日本人の生活を下支えしている、ということはいえるだろうと思う。

一家10人丸ごと自宅隔離のペルー人

日系ペルー人のエンリケ・マツモトさん（44）は、とつぜんにPCR検査をすることになった。2020年6月のことだ。エンリケさんは熱も咳もないし味覚も正常なのだが、同じ機械の組み立て工場で働く同僚のブラジル人が、コロナにかかっていることがわかったのだ。だから一緒に仕事をしていた人間もすべて検査をするという会社の方針に、エンリケさんも応じた。結果は陽性だった。

「2週間、会社には行くのダメ。家にいるだけ。休みの間、給料ない。お金たいへん、家賃たいへん」

というのも、エンリケさん一家の生活はふだんからかなり厳しいものだったからだ。愛知県西尾市の込み入った住宅街にある小さなアパートに、なんと10人が暮らす。あまりに人数が多いので1階と2階にひと部屋ずつを借りて住んでいる。「大黒柱」は13年前に来日した日系3世のマリザ・マツモトさん（44）で、彼女の夫、妹がふたり、弟のエンリケさん、さらに姪っ子もいるし、それぞれの子供たちも部屋を走り回り泣きわめき、まあ元気いっぱいなのだが、

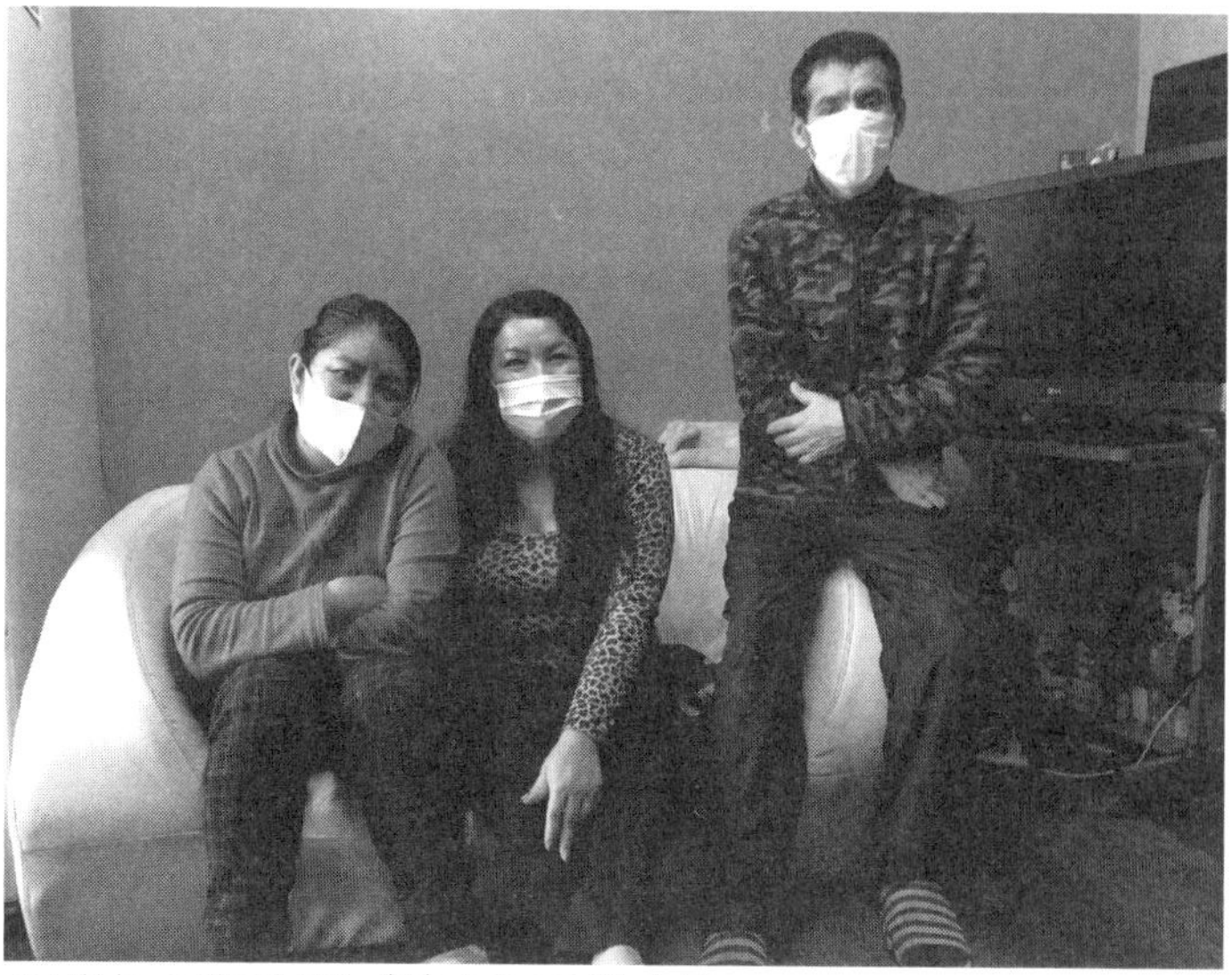

エンリケ・マツモトさん（右）ときょうだいたち

近隣からの苦情は大丈夫かと心配にもなる。

このうち仕事があるのはマリザさん夫婦とエンリケさんだけで、それも派遣の非正規労働だ。その薄給で家族の生活を支えていた3人が、感染者および濃厚接触者として保健所によって外出の自粛が求められ、働けなくなった。

「その間の給料、ぜんぜんもらえなかった」

陽気なペルー人と思えない沈んだ顔で、マリザさんは言う。自宅待機は子供たちも同様だ。学校にも行けなくなり、狭いアパートで10人は自粛生活を送った。

「外出はダメ、食べもの買うのにスーパーとか行くときは、誰かひとりだけ。〝タントウシャ〟に言われた」

〝タントウシャ〟とは自治体の仕事を受け持つブラジル人スタッフのことを指すようだ。日本語、ポルトガル語、それにペルー人の話すスペイン語にも堪能で、外国人の感染者や家族のケアを行う。こうした外国人スタッフは、愛知県のみならず外国人が多く暮らす自治体では欠かせない存在になっている。またこうした業務を、外国人支援を行っているＮＰＯに委託する自治体もある。

ともかくタントウシャとは実際に会えないのだが毎日毎日キッチリ電話がかかってきて、エンリケさんはじめ一家の体調はどうか、熱や頭痛はないか、咳は出ていないかなどを聞かれ、また保健所からの指示も伝えられる。

「スーパーに行くときはひとりだけ」といった決まりごともその一環なのだが、ふだんからアパート内の1階と2階を行ったり来たりしている一家が、ずっと部屋に閉じこもっているのは難しいように思えた。遊び盛りの幼児や小学生だっているのだ。そもそもエンリケさん自身は家の中でもなるべくほかの家族と生活空間を分け、家庭内感染を防ぐ必要がある。食器やタオルやせっけんなども共有しないように、と各自治体の自宅療養マニュアルにはあるが、狭いアパートではおそらくそれどころではなかっただろう。エンリケさんは無症状だったことから、なおさら隔離や自粛と言われてもピンとこないかもしれない。

幸いにもエンリケさんもほかの家族も症状が出ることはなかったため、2週間で自粛生活は終わったが、仕事に復帰するとコロナによる減産が待っていた。

「ザンギョウ、ぜんぜんなくなった」

工場勤めのマリザさんは時給1000円だ。愛知県の最低賃金が955円だから、1000円はなかなかきつい額といえよう。だからこれまではザンギョウをたくさんすることで暮らしてきた。それが減産によってなくなり、家計は苦しい。工場勤務の外国人は「ザンギョウ」という言葉がスペイン語やポルトガル語の日常会話にごく自然に入りこみ定着しているほど、残業を前提にし、残業ありきで生きてきた。工場のほうもそんな外国人をアテにしていたのだが、コロナのような非常時にまず切られるのはそこだ。ハードな残業でかろうじて回っていたエンリケさんたちの生活は傾いてしまうのだが、それよりも父が心配なのだとつぶやく。てっきりペルーに残してきた父親のことかと思ったのだが、この部屋の奥で横になっている老人がいるのだという。

「背中が痛いって、ずっと寝てる。家にいるだけ、どこにも行けない」

日本よりはるかにコロナが猖獗《しょうけつ》をきわめるペルーに置いておくのはかわいそうだと、呼び寄せたそうだ。だが、マリザさんもエンリケさんも日本語はカタコトなのだ。それに稼ぎも減っている。加えて、父は「短期滞在」の在留資格だ。日本に90日しか滞在できない。そのため住民登録もなく、保険証もつくれない。10万円の特別定額給付金も対象外だ。もちろん就労はできない。

「でも、せめて保険がもらえる在留資格に変えたい。どうにかならないかなあ」

相談されたが、僕にはなんともわからない。いまは入管（出入国在留管理庁）でこの「短期滞在」の延長を繰り返しているのだという。「病気療養など人道上の真にやむをえない事情等」があれば「短期滞在」も更新ができる。いまはコロナ禍で全世界的に出入国が難しくなっているから、このあたりは入管もいくらかは緩く運用しているようだ。とはいえ長期滞在ができて保険にも入れる「家族滞在」などの在留資格には変更ができず、保険のない81歳がコロナ禍の中、言葉もわからない国にいる。その面倒を、やはり日本語の不自由な外国人であるマリザさんたちが見ている。

さらにこの一家には、2020年の末からマリザさんの姪っ子も、ふたり転がりこんできている。やはり感染爆発しているペルーから逃げ出すように、親戚を頼ってやってきたのだ。彼女たちも「短期滞在」で、保険もないし働けない。

「大学で学びたくて日本に来たけど、入るお金はないいし、奨学金ももらえない」

と姪のひとりは流暢な英語で言うが、日本語はさっぱりだ。まだ28歳と若いのに、働けず学べず、家にいるばかり。いったん戻ろうかとも思ったが、

「親戚にも亡くなった人が何人もいる。いまは帰るのが怖い」

仕方なく、家の手伝いをして過ごしている。そんな家族を、マリザさんたちがザンギョウのなくなった派遣労働で養う。さまざまな支援策の対象にもなりそうだが、理解できる日本語はわずかばかりで、タントウシャに聞かなければなにもわからない。

聞けば聞くほど、ため息が出るのだ。単にコロナに感染しただけではなく、やっかいな問題がいくつも積み重なって、10人は困窮している。言葉の壁、非正規雇用の弱さ、在留資格の問題、介護……。それに考え方、言ってみれば文化の違いだろうか。家族・親戚が常に一緒にいて濃密な関係の中で生きる人々にとってみれば、老いた父を異国に呼ぶのも、そこに姪が頼るのも、当然のことなのかもしれない。パンデミックだからこそ一緒にいたい。しかしその気持ちが結果として、この国で働けない大人を増やし、生活苦につながってしまっている。そんなかれらの姓が「マツモト」であることが、なんだかすごく悲しく思われた。

帰り際、マリザさんと姪から、小さな紙袋を渡された。カラフルでかわいらしいシールがたくさん貼ってあった。ペルーでよく家畜として飼育されているアルパカや、インディオの少女のものだ。

「来てくれて、話を聞いてくれて、ありがとう」

ふたりは初めて笑顔を見せてくれた。

取材を終え、帰路の名鉄西尾線の中で紙袋を開けてみると、紫色のキャンディがたっぷり詰まっていた。紫トウモロコシからつくったペルーの国民的飲料、チチャモラーダのキャンディだった。

「仮放免」のロヒンギャ難民がコロナに感染

「あの日は、夕方5時くらいに友達とふたりで、ヤード（中古車などの解体作業所）に行きました。共通の友達が働いているんです。そこでちょっと話をして、それから家に帰って、8時過ぎだったかな。いきなり熱が上がって、びっくりしたんです」

そう話すのはロヒンギャ難民のモハマド・アブドゥラさん（41）。ロヒンギャとはミャンマーのイスラム系少数民族だ。しかしミャンマーでは、隣国バングラデシュから流入してきた「不法移民」であるとされ、弾圧され続けてきた。2017年には軍が苛烈な掃討作戦を行い、およそ70万人のロヒンギャが故郷を追われた。かれらの多くはバングラデシュの難民キャンプで暮らすが、小さな船でアンダマン海を漂流してマレーシアやインドネシアにたどり着く人、サウジアラビアやパキスタン、アメリカなどに難民申請をする人もいる。そしてごく一部、300人ほどだが、日本で暮らすロヒンギャもいるのだ。そのうちおよそ280人が、ここ群馬県の館林《たてばやし》市に集住する。アブドゥラさんもそのひとりだが、2020年の9月にコロナに感

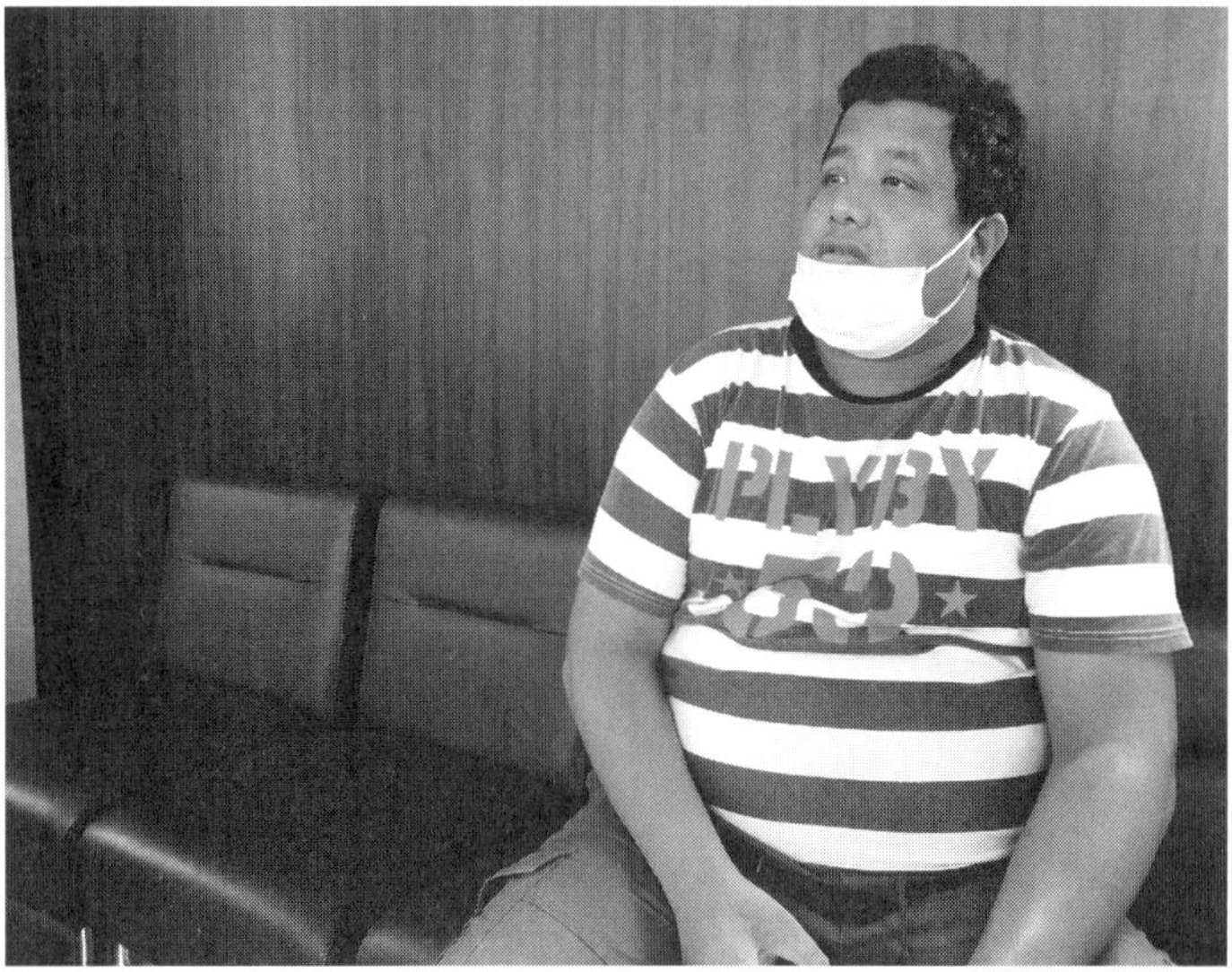

仮放免という立場で暮らすロヒンギャ難民のモハマド・アブドゥラさん

染してしまった。

「いままでの人生でいちばん。初めてあんなに熱が出た」

あまりに苦しくて自分で測る余裕がなく、体温が何度だったかはわからないが、とにかくひどい熱だったという。それに咳も止まらない。加えて、匂いがまったく感じられないことに気がついた。

「それと、なに食べても味がしない。ロヒンギャは辛いものたくさん食べるけど、辛さもぜんぜん感じなかったよ」

いまでこそ、という感じでアブドゥラさんは笑うが、そのときは恐ろしくて仕方がなかった。病院に行こうかと思った。しかし、ためらわれた。なぜならアブドゥラさんは、「仮放免」だからだ。

仮放免とは、「難民であると申し出た者が、本当に政治的に迫害されているのか審議する間、本来ならば入管施設に収容する必要があるが、人道的な見地からこれを〝仮〟に〝放免〟し、シャバにいてもよい」とするものだ。日本に逃れてきたロヒンギャのうち、20人ほどが「仮放免」だ。

この立場は「仮」に「放免」されているだけなのだからと住民登録ができず、たとえば国民健康保険に加入できない。就労もできない。それに10万円のコロナ特別給付金も対象外だ。医療費は全額負担となってしまうので、アブドゥラさんはふだんからケガをしても風邪をひいても、ドラッグストアで薬を買う程度。だからコロナと疑わしき事態となっても、病院に行くべきかどうか迷った。お湯にショウガやニンニクを溶いた熱さましを飲んで、数日は耐えた。「国民皆保険」を謳うこの国で、仮放免の難民たちは住民として認められず、保険のない不安の中で生きているのだ。

しかし、ヤードで会った友人から連絡があった。彼は就労できる在留資格を持っているので解体の仕事をしているのだが、やはり発熱したという。そして保険証があるからとすぐに病院に行ってみたところ、検査の結果はコロナ陽性だった。それを聞いてアブドゥラさんも音を上げた。保健所に行き、ＰＣＲ検査をすると、やはり陽性だとわかった。

すぐに隔離入院生活が始まったが、意外にもすぐに熱は下がり、症状は軽くなったという。

一度だけ肺のレントゲンを撮ったが、とくに異常もなく、出される薬は咳止めのアスベリンだけ。やがて食事がとれるくらいに回復したが、

「毎日、野菜のサラダ、卵、魚、ご飯。たまに果物」

といった内容で、イスラム教徒であるアブドゥラさんに病院も気を遣って、専門的なハラル食とはいかず日本食ではあるものの、戒律に反しない魚や野菜でメニューを組み立ててくれたようだ。

「でも量が少なかったから、身体が小さくなったかも（笑）」

言葉の問題についても、「病院では、あまり話さなかったですね、ダイジョブ」。体調が戻ったので、あとは休養するだけで、医師や看護師とシリアスな話しあいをする場面も少なかった。

アブドゥラさんは来日15年になるのである程度の日本語はわかるし、難しい専門用語が出てくるときや入院の手続き、保健所とのやり取りは、在日ビルマ・ロヒンギャ協会のアウンティンさん（53）や、その息子のマモルくん（18）が手助けをした。このアウンティンさん一家が、館林のロヒンギャ・コミュニティを支える中心的な存在なのだ。

日本で生まれ育ったマモルくんに、入院のケアもなかなかたいへんだったんじゃないかと聞いてみた。

「ケアとか、別に……。同じ家族みたいなもんですから」

思春期の高校生らしく、ぶっきらぼうだが優しい言葉が返ってきた。

「仮放免」にはワクチンの通知も来なかった

アブドゥラさんが入院したのは10日ほど。心配していた入院費は無料だった。コロナの治療にかかるお金は公費で賄われるのだ。ただPCR検査は1万2000円かかったという。

「保険証がある人は、1000円くらいで済むみたいだけど」

問題の感染経路だが、これがなんともわからないそうだ。

「一緒にヤードに行った友達も検査したけど、大丈夫だった」

発熱の前に会ったり食事をした別の人たちも症状はない。周囲で感染したのは、アブドゥラさんと、ヤードにいた友人ひとりだけ。ヤードで働いていたほかの人々も大丈夫だった。感染しながらも無症状な人がアブドゥラさんや感染した友人の行動範囲にいたのかもしれないが、そこは不明だ。

そして回復はしたが、仮放免という立場は変わらない。

「仮放免は働けないし、10万円の給付もなかったし、私たちで生活のサポートを続けています」

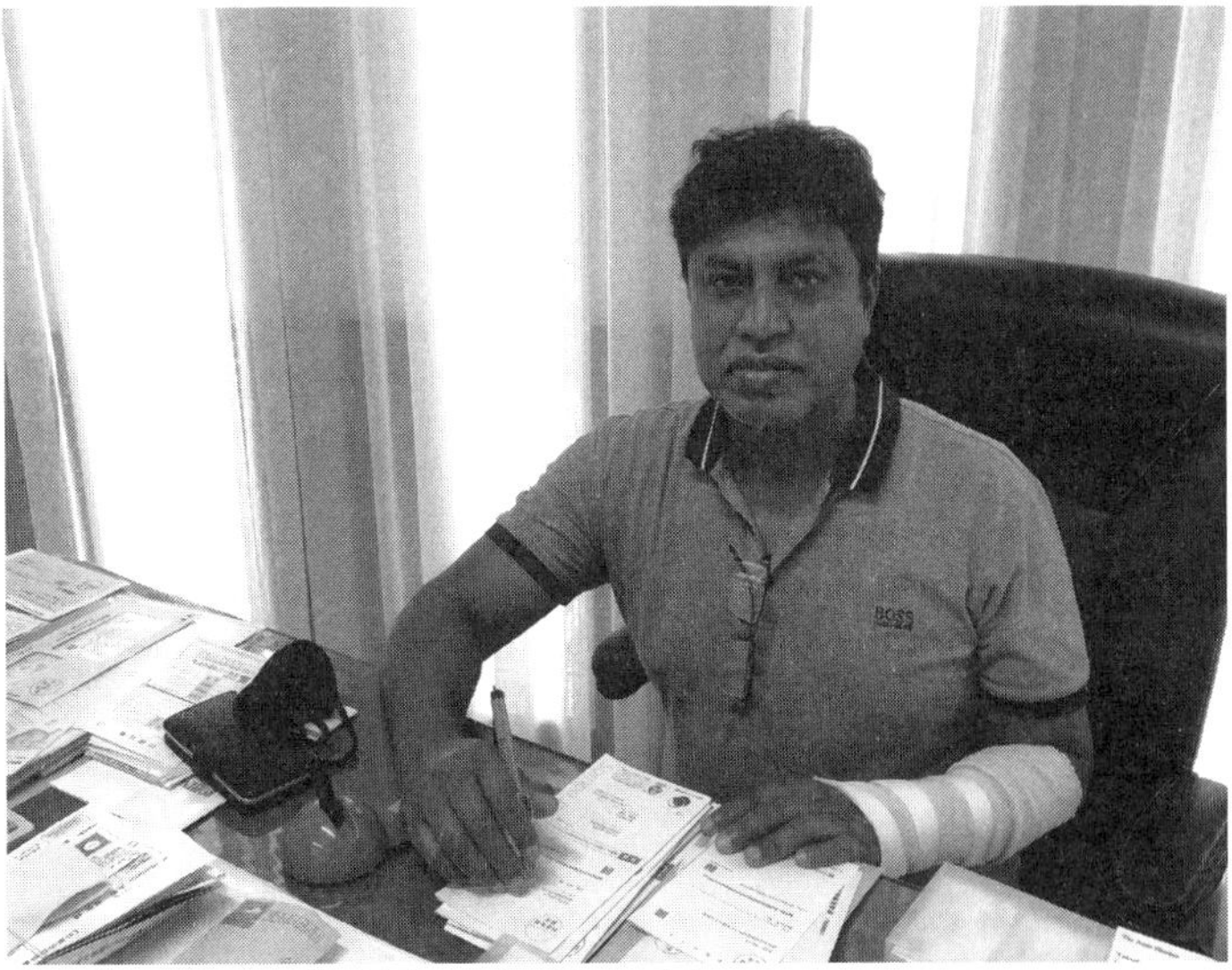

在日ビルマ・ロヒンギャ協会のアウンティンさん

アウンティンさんは言う。かれら在日ビルマ・ロヒンギャ協会と、館林市の国際交流協会が協力して、米や缶詰、野菜などの生活物資や、マスクや消毒薬などの衛生用品の支援を行っている。

とはいえアウンティンさん自身のビジネスもコロナの影響が大きい。中古車などの輸出をおもに手がけているのだが、ロックダウンしている国では港がうまく回っていないところがある。さらに海運には欠かせないコンテナが世界的に不足しているという。機能不全になっている港に滞留しているからだ。そこに拍車をかけているのが、コロナ禍による「巣ごもり需要」で、ネットショッピングでものを買う人々が世界規模で増大し、アメリカなど物流の量が港湾の処理能力を超えるところも出てきてしまっている。僕だってたとえばサプリをポチったらアメリカから発送されてきたり、中国のアリババで怪しげなスマホグッズを買うことだってあるわけで、個人の購買活動が国を越えて広がっていたところに、パンデミックとなったのだ。なんでも自宅で済ます人が増えた結果、2021年5月頃には、40フィートコンテナ1個あたりの輸送価格がコロナ前の3倍ほど、5000米ドル超に上昇。そのあおりが群馬県の館林にも届いているというわけだ。輸送コストは上がったうえに、海運の流れが悪い状態が続く。

「私のヤードも車いっぱい。動かないよ」

とアウンティンさんは言う。

また、就労できる在留資格を持っているロヒンギャの多くは地域の工場で働いているが、こちらもやっぱり減産で、

「いまは定時で終わり。残業もなし、土日も休み。でも今年はまだいいですよ。去年(2020年)は、4月から7月くらいまでかな。月に10日しか仕事がないってこともあった」

そもそもかれらロヒンギャが館林に住んでいるのは、この地域に外国人を受け入れる工場があったからだ。地元の雄・スバル関連のさまざまな裾野産業が、太田市を中心とした群馬県南東部に広がっている。その下地は明治時代に隆盛した繊維産業にあるというが、そこからさらに発展した製造業の現場で、たくさんの外国人が働くようになったのはバブル時代だ。とくに

パキスタン人が多かった。

かれらはバブル崩壊とともに切り捨てられ、多くは国に帰ったが、日本に根づいた人たちもいる。そして「日本製中古車の途上国への輸出」という、それまで未開拓だったビジネスに着目し、財を成した人も出てくる。90年代から日本にやってくるようになったロヒンギャは、同じイスラム教徒のよしみでパキスタン人と仕事をともにするようになり、やがてヤードの多い館林にコミュニティをつくった。そこにアウンティンさんが合流したのは1999年のことだ。それから同胞を頼って、迫害の続くミャンマーから逃れてくる人が寄り集まる街になった。

「館林には仕事があるし、物価も東京より安い。いいとこですよ、住みやすい」

しかし、およそ280人のロヒンギャの中で、難民として認められたのは15人ほどだという。あとは「人道的な配慮による在留特別許可」となり、「定住者」「特定活動」といった在留資格をもらい、暮らしている。いずれも就労ができ、保険にも入れるが、それでもかれらは難民ではない、というのが日本政府の立場だ。そして20人ほどがアブドゥラさんのように「仮放免」のまま「難民かどうか審議している最中」という宙ぶらりん状態で何年も過ごしている。どうしてこの人が難民として認定されて、この人が特定活動で、この人は仮放免なのか、明確な基準はよくわからない。

「それでもね、命があって、仕事ができるし、助かってるよ」

アウンティンさんは言う。故郷はミャンマー国軍が2021年2月に起こしたクーデターで揺れている。軍による国民の弾圧が続き、難民の帰還はさらに難しいものになった。そしてロヒンギャが多く暮らすミャンマー西部のラカイン州や、バングラデシュの難民キャンプでもコロナが蔓延する。とくに2021年7月頃からは日本と同じようにデルタ株が猛威を振るっている。爆発的に増えた感染者を受け入れる医療機関は乏しい。軍の無差別虐殺や逮捕、それに抗議して市民や役所の職員が職場放棄する「不服従運動」のために、コロナの前に、すでに医療崩壊していたからだ。

「これ見て、ひどい」

アウンティンさんがFacebookに流れているという映像を見せてきた。病院らしきロビーに群衆が押し寄せ、酸素ボンベを奪いあっている様子だった。その中に家族がいるかもしれない。友人がいるかもしれない。そんな不安感を、館林のロヒンギャ難民たちは抱えている。

アウンティンさんはアブドゥラさんたち仮放免の人々を集めて、ワクチン接種をするつもりだ。ようやく書類が届いたのだという。在留資格のある人には自治体からワクチンの通知も来るが、住民登録のない仮放免にはそれさえもない。だからアウンティンさんが自治体にかけあい、お願いして、仮放免でも接種できることになった。

「日本は、（難民を受け入れている）ほかの国と違うから。反対側だから」

アブドゥラさんが寂しそうに言う。仮放免という立場の弱さやもろさを、コロナ禍はあらためて浮き彫りにした。

コロナ患者の医療通訳に奔走するフィリピン人

名鉄名古屋駅から、東岡崎行きの電車に乗って40分ほど。車内はだんだん人が少なくなっていったが、外国人の比率はむしろ上がったように思えた。沿線に点在する工場で働く人々だろうか。

牛田駅で降りた。小さなプレハブみたいな無人駅で、まわりにはコンビニもなにもないが、ベトナム食材の店がぽつりと佇んでいた。狭い店だが、米麺などの乾物やら調味料、インスタント麺、缶詰などがびっしりと並ぶ。ベトナム人技能実習生の増加とともに、こうしたミニショップは全国津々浦々で見るようになった。

そこから住宅街の中を歩いていくと、15分ほどで大きな団地群が見えてくる。知立《ちりゅう》団地だ。5階建ての棟がいくつも並び、なかなかに壮観だ。およそ4000人が住んでいるのだが、そのうちの2500人、実に63%が外国人という、きわめて特異な人口構成の団地としても知られる。

外国人が集住する知立団地でもやはり案内板は多言語表記

入居開始は１９６６年だ。高度経済成長期に全国で建てられたマンモス団地だったが、１９９０年の入管法改正を機に、労働力として多数の日系人がやってくる時代を迎えた。この地域に広がる工場群で働く日系ブラジル人やペルー人が団地にも増え始め、やがて日本が迎えた少子高齢化の中でいつしか日本人と外国人の比率は逆転。近くにある知立東小学校も、いまや54%が外国ルーツの子供だ。

団地の中心部の広場を囲むように、自治会や郵便局、カフェなどが並ぶ。どこもポルトガル語併記だ。スーパーマーケットがあったので入ってみると、「本日のお買い得品！」とポップが踊る商品は、ブラジルの生ソーセージだったり、フェイジョアーダ（豆と肉の煮込み）の缶詰だったりする。ベトナムのライスペーパーやインスタント麺もテンコ盛りだ。それに肉も魚もいちいちサイズが大きく量も多く、大家族を連想させる。僕らのような異国飯マニアからすると実に楽しい店だが、ごくふつうの日本人からすれば戸惑う品ぞろえかもしれない。レジ打ちだって南米系らしきおばちゃんだった。

そのスーパーの近くに、合同会社「スタートアイズ」はある。通訳や翻訳など外国人の生活支援を行っている、地域のよろず相談所のような存在だ。コロナ禍で仕事を失ったり、働ける時間が減り、家計がきつくなっている団地の外国人に対して、食料の配布もしている。そして、保健所とコロナ感染した外国人を結ぶ、通訳とサポートの業務に、この1年ほどは追われている。

「今年（2021年）の1月がいちばんたいへんでした。感染した外国人の通訳とサポートを20件以上したと思います。ブラジル人が多かったですね。一家全員が感染したというケースもありました」

そう語るのは「スタートアイズ」のスタッフ、フィリピン人のドイドラ・ミシェレさん。フィリピンの母語タガログ語はもちろん、日本語、英語、それに夫がブラジル人なのでポルトガル語もできるという才媛なのである。日系ブラジル人が人口の多数を占め、またフィリピン人のほかアジア、アフリカ、中南米あわせて20か国近い人種が住む知立団地にはまさにうって

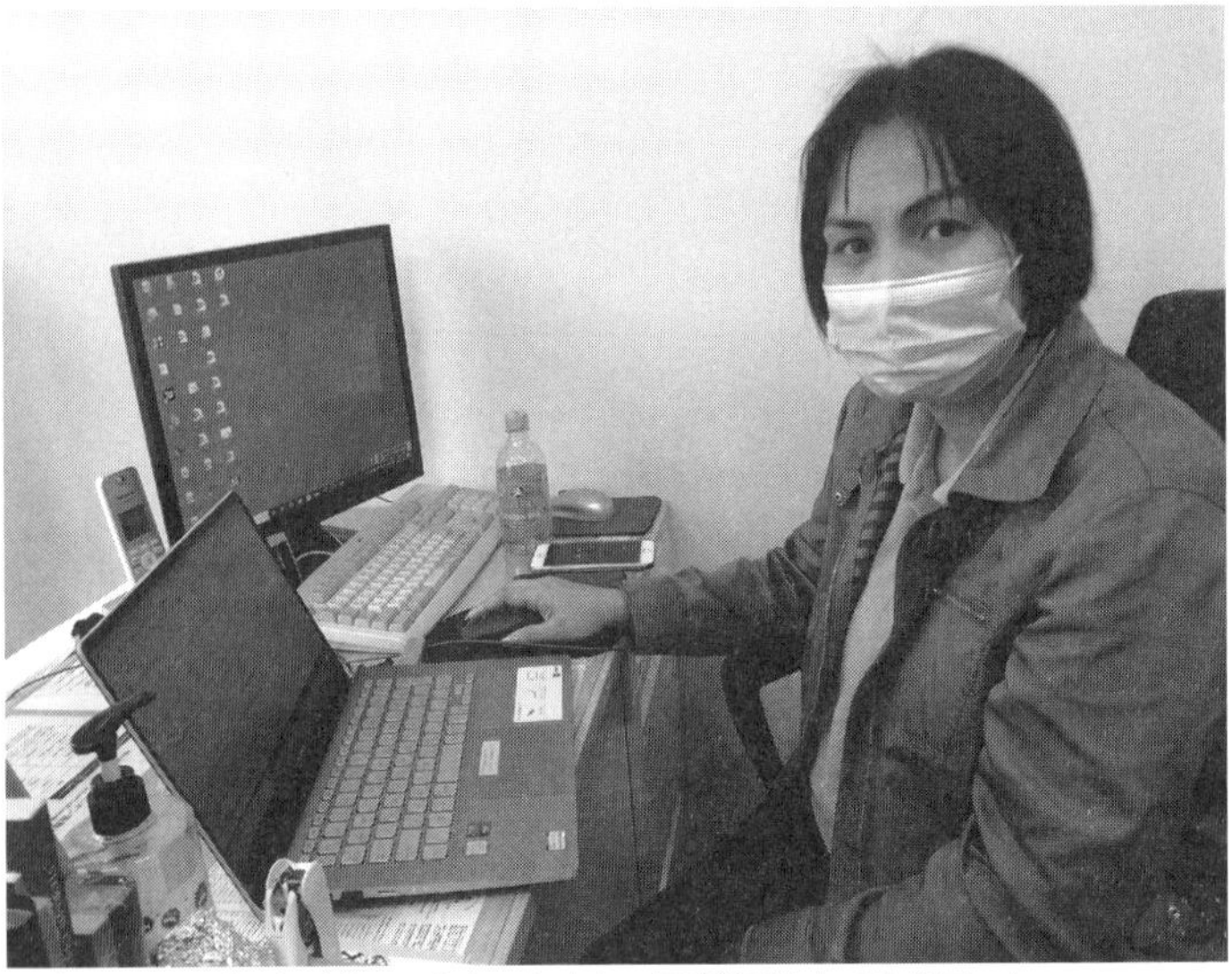
スタートアイズのドイドラ・ミシェレさん。医療通訳として走り回った

つけの人材といえるのかもしれないが、コロナ禍では彼女にかかる負担も大きなものとなった。

「発熱した外国人から連絡が入ると、熱がどのくらいあるのか、ほかにどんな症状があるのか、できるだけ具体的に聞き出して、保健所に伝えるんです。実際に患者と会うわけにはいかないので、すべて電話で通訳をします」

そして保健所から伝えられる対処方法などを患者に伝達する。症状がひどいときには救急車を呼んだり、入院の手続きをすることもあるそうだが、たいていの人は軽症と診断され、ホテルか自宅での隔離となる。

この隔離先については自治体によって、またそのときの医療体制の逼迫状況によってもまちまちだが、2021年1月頃の知立市では、「日本語がわかる人はホテルでの隔離」「わからない人は自宅での隔離」だったという。これは「隔離ホテル内に設置された案内の外国語表記の準備が間にあわないので、受け入れるのは日本語がわかる人のみ」という理由だったそうだ。

ホテル療養となれば感染者は自治体の管理下に置かれ、体調が急変したときも医療従事者がいる。しかし自宅隔離は、すべて感染者や家族だけで対処しなくてはならない。しかも日本語がおぼつかないわけだから、保健所の指示もひとつひとつ通訳を介さなくてはならない。だからミシェレさんの仕事は多岐に及ぶ。

「パルスオキシメーター（血中酸素飽和度の測定器。この値が下がると危険とされる）の使い方を説明して、その数値を毎日チェックして報告してもらいます。体温と、咳などの状態もです。食事や薬は保健所から配達されますが、そのほかに必要なものがあれば私たちが買い物の代行もして、隔離先の自宅まで届けます」

軒先に買ったものを置いて、あとから電話をして直接の接触を避けるようにしているが、そんな自宅療養者を何人も抱え、ミシェレさんは休みもなく働き続けた。重症患者に付き添ったこともある。

「人工呼吸器をつけるくらい状態が悪かったんですが、ぜんぜん病院の空きがないんですね。

だから救急車はあちこち受け入れ先を探しながら走り回りました。私は防護服を着て別の車に乗って、救急車のあとについて」

通訳が必要なときは救急車から電話がかかってくる。救急車を追走したり防護服を着こんだのは、いよいよ緊急事態となったとき、電話を介さず直接その場で通訳するための措置なのだろう。夜中の2時まで病院探しについていったこともあるという。ほとんど医療従事者のような仕事に、ミシェレさんのような外国人があたっているのだ。

コロナで進む「外国人労働者の高齢化問題」

こうしてコロナ患者の日々のバイタル管理まで民間がサポートしているわけだが、やはり負担は大きい。それに、

「日本語がわからず自宅隔離になっている外国人が、外に出てしまうケースがあるんです」

と、「スタートアイズ」を運営するNPO法人「東海ファシリティー」の理事長（当時）、鈴木勇雄さんは言う。言葉のわからない不安感で家にいられないのか、あるいは自宅にいることで、つい日常どおりに暮らしてしまうのか。いずれにせよかれらをホテル療養にしてキッチリ隔離すべきではないのか。日本語がわかって感染時の対応をしっかり日本語で理解でき、自己

管理できる人のほうを、自宅療養とすべきではないのか。鈴木さんはそんなことを市にも訴え、2021年の3月から言葉のわからない外国人もホテル療養になったそうだ。

そしてこの知立団地でも、やはり「コロナ失職」する外国人が急増しているという。

「2020年の6月に、団地の住民を対象にアンケートを取ったんです。回答してくれた1338人のうち生産年齢（15〜64歳）の1035人を見てみると、27・3％、およそ4人にひとりが就労できていませんでした」

そして、これらの人々は〝半年以内に職を失って〟いた。勤務日数について訊ねたところ、2020年5月は、半数を超える52・8％が「週0〜4日」しか働けていない。この数字は6月になるとさらに悪化する。

週0日勤務（無職）29・2％
週1日勤務　1・2％
週2日勤務　5・4％
週3日勤務　15・2％
週4日勤務　18・7％

と、全体の69・7％が、勤務日数4日以下となっている。週5日以上、満足に働ける人はわずか30・3％にまで減ってしまっているのだ。

「やはり2020年4月からの、自動車関連の減産が響いていると思います」

これまでたびたび触れてきたが、コロナ禍を受けた製造業の生産調整が本格化したのが2020年の3〜4月。それが雇用に激流となって押し寄せたのが、4〜6月くらい。波はおもに、首切りしやすい派遣労働者を襲った。知立団地の外国人労働者のうち、67％が派遣雇用で、近隣に点在する自動車関連はじめさまざまな工場で働いている。この層が解雇されたり、労働時間が大幅に減り、この地域では10万円の特別定額給付金もまだだったこともあり「このままではたいへんなことになる」と鈴木さんはフードバンクを開始。これまでに3トン以上の米などの食料支援にあたってきた。それでも、団地は家賃を2か月滞納すると退去しなくてはならず、やむなく出ていった人もかなりいたようだ。

東海ファシリティーでは10万円給付や貸付制度の申請支援なども行い、さらに2020年7月くらいからようやく工場の生産が上向いてきたこともあり、知立団地の外国人コミュニティは「どうにかしのげた」という。もとの職場で再雇用されたり、別の職場が見つかる人も増えてきたのだが、それでも、

「50代以降はなかなか厳しいですね」

と鈴木さんは言う。これは名古屋の九番団地など愛知県のあちこちで聞いたことでもある。コロナを機に、外国人の中高年労働者の「整理」が始まっている。50代以降となり、日本語があまり話せない人たちの働く場がなくなりつつある。かれらは老後どう生きていけばいいのか。外国人の中でも1990年の入管法改正でやってきた日系人の2世、3世とその家族は「定住者」という在留資格になり、生活保護を受給できる（ちなみに技能実習生や留学生、技術・人文知識・国際業務や経営者といった多くの在留資格には生活保護が認められない）。当然、高齢化した「定住者」が社会保障の枠組みの中に入っていく。そして介護だって必要になるわけだ。

「あと5年もすれば、知立団地でも外国人をどう介護するかという話が出てくるでしょうね」

言葉の問題から、日本の介護施設ではケアしきれない人も増えるだろう。帰国する人もいるだろうけれど、一族で移住してきている人も多いし、生活の基盤はもう日本にある人が大半だ。「移民」なのだから。

1990年のあの頃は、バブルの熱の中でひたすらに働く労働力を求めて入国・定住のハードルを下げたが、それから30年。リーマン・ショックやコロナと、世界的減産があればまず外国人から首を切り、生産が回復したらまた雇い、と便利な調整弁として使ってきたが、かれらだって年を取る。移民第一世代ともいえる「1990年組の日系人たち」が、コロナ禍でいよいよリタイアが近づいたいま、かれらをいかにケアしていくかという問題と向きあう必要が出てきた。

日本が受け入れたのは単なる労働力ではなく、かれらの人生丸ごとであるという当たり前の事実を、僕たちはこれから知るのかもしれない。

Chapter 4

揺れる留学生たち

留学生たちが消えた新大久保の街

僕の住む新大久保は、夕方になると活気づく。日本語学校の授業を終えた留学生たちが、いっせいに街に流れてくるからだ。さまざまな顔立ちの若い留学生たちが日本語を共通語にしてわいわい騒ぎながら、「イスラム横丁」と呼ばれる一角でバーベキュー・チキンを買い食いしたり、夕食の買い物をしたりと、いっとき賑やかになる。

新宿区は日本語学校や、外国人も学ぶ専門学校が多いのだが、とくに新大久保から高田馬場《たかだのばば》にかけてのエリアには集中している。その理由は100年ほど前にあるのだという。1935(昭和10)年、新大久保から近い北新宿に「国際学友会」という施設がつくられ、留学生の受け入れを始めたのだ。それから新大久保には留学生の住む寮も増えていった。新しい学校も次々につくられていく。国際学友会はいま「東京日本語教育センター」となっているが、ここ

新大久保周辺を歩いていると，日本語学校の看板の多さに気づく

は昔から留学生の街でもあるのだ。かれらの若さが、地域に活気をもたらしてくれていると住んでいても感じる。

そんな留学生たちが、ぱたりと消えた。

明らかにそう感じたのは、２０２０年の５月あたりだったと思う。全世界的に出入国の制限が広がったのが２０２０年の３月頃で、４月入学予定の留学生たちが母国でいっせいに足止めをくらったからだ。２～３月の出入国制限ギリギリで卒業して帰国した留学生が一定数いる一方で、新しい生徒が入ってこない。加えて、どの学校も「密」を避けるためにオンライン授業に移行しつつあった。実際に登校する留学生たちが激減したのだ。

４月７日に発令された緊急事態宣言下、

新大久保では街を彩る多国籍なレストランは軒並み閉店かテイクアウトのみとなり、韓流目当ての日本人女子たちも消えて、さらに留学生たちも見なくなり、不気味なほど静まり返ってしまった。

「当校では4月期に40人の留学生が来る予定でしたが、実際に入国できたのは10人ほど。30人が母国で待機となっています」

そう話すのは「カイ日本語スクール」の代表、山本弘子さん(62)。1987年創立と、新大久保では老舗の日本語学校だが、これほど留学生が減ったのは2011年の東日本大震災以来だという。あのときは放射能を恐れた外国人がいっせいに帰国する動きがあったが、今回はパンデミックを抑えるために国際的な人流が止まった。その中で翻弄される留学生たちも多かった。

「不安なので留学を切り上げて帰国しようとしたら、母国のイタリアで感染爆発が起こり(2020年3月)、日本に留まるかどうするか悩む人もいましたね」

家族が心配しているからいったん帰国したいのだけど、そうすると日本の入国制限の中で再入国できるかわからないので、どうしようか迷っている……なんて人はそれこそ無数にいた。あるいは母国から日本に出発する直前に入国制限が始まり、目の前で飛行機が欠航になってしまった留学生もいれば、

カイ日本語スクール代表の山本弘子さん。数多くの留学生たちを見守ってきた

「2月末かな。イタリアに飛ぶ最後の飛行機になんとか乗りこめて、帰国していった留学生もいます」

なんだかパニック映画のような光景が、世界中で繰り広げられていたのだ。帰国する人、入国する人、それぞれを断念する人……その対応にカイ日本語スクールだけでなく全国の日本語学校や大学が追われた。そして2020年の4月以降、日本には一部の国費留学生をのぞいて新規の留学生はほとんど入ってきていない(注)。

コロナ前の2019年5月時点の統計を見ると、日本に滞在している外国人留学生の総数は31万2214人だった。かれらはそのまま日本でさらに進学、就職していくこともあるが、かなりの部分が数年で帰国し、また新しい生徒たちが国を越えてやってくる。

新大久保も位置する新宿区の場合、2017年は在住外国人4万3000人のうち、1万9000人ほどが入れ替わったそうだ（新宿区による）。この大部分が留学生だと考えられている。卒業して帰国する人と、区内に転入してくる新入生。毎年そうして新陳代謝を繰り返しつつ、少しずつその数は増えていく。

留学生たちはいまや日本の地域経済にとっても欠かせない存在になってきている。留学生を受け入れる教育機関や、マンションなど不動産業界、あるいは留学生を労働力としてアテにしているコンビニや居酒屋など小売り業や飲食業にとって、この31万人という数字はなかなか巨大なのである。そんな留学生たちの転入サイクルが止まったことで、打撃を受ける業界はずいぶんと多くなりそうだった。それになにより、留学を断念し、人生プランを大きく変えなくてはならない若い留学生たちが気の毒だと思った。

カイ日本語スクールも加盟する日本語教育機関関係6団体は、32都道府県にある208の日本語学校を対象にアンケートを実施した。それによると、2020年4月から日本で学び始め

（注）2021年11月から留学生の入国制限が緩和されたものの、ひと月も経たないうちに再び入国が制限され、先行きはいまだ不透明である。

る予定だった留学生のうち84％、1万1653人が入国制限のため、母国に留まったままだった。さらに208校のうち86校が「4月からの新入生がひとりも入国していない」と回答した（いずれも2020年4月22日時点）。

オンラインでの授業は果たして「留学」なのか

すでに日本に入国している留学生たちにとっては、異国でのコロナ禍だ。不安を抱えるかれらが頼れるのはやはり学校で、山本さんのところにはたくさんの相談が寄せられていた。

「感染するのではないか、もし感染したらどうすればいいのか、病院では言葉の不慣れな外国人に対応してもらえるのか。そんな声が多いですね」

カイ日本語スクールでは役所が出すコロナ関連の情報を、逐一やさしい日本語に直すなどして生徒に発信を続けている。法務省や東京都などのサイトでは多言語での案内もあるのだが、どうにも文章がわかりづらいのだという。そのため役所の通知を咀嚼《そしゃく》して、日本語学習中の人でも理解しやすい日本語に翻訳し、生徒に伝える。情報不足による不安を招かないためにも、こまめなアナウンスは必要だ。

経済的な問題も大きい。日々のアルバイトで生活費や学費を稼いでいる留学生もたくさんいるのだが、働ける時間が少なくなり、収入が減っている。かれらがおもに職場としているのは、レストランや居酒屋などの飲食業界だ。緊急事態宣言での自粛要請によって、こうした店は閉店もしくは営業時間が大幅に短縮となった。その影響を受けて、勤務時間が減ったり、解雇される留学生も出てきている。加えて母国の親もコロナ禍で働けず、子供に仕送りできなくなるケースもある。家賃や授業料が支払えず、生活苦に陥っている留学生も多い。

それに、将来もなかなか思い描けない。日本語を学び、就職しようとしても、外国人の雇用はずいぶんと減っているという。

厳しい状況の中、カイ日本語スクールでは、いち早くオンラインでの授業も始めている。

「2月から教室とオンラインのどちらでも授業を受けられるようにしましたが、4月からは全面オンラインに切り替えています。4月期の新入生も同様です」

日本に入国できない留学生の中には、母国からオンライン授業を受けている人もいる。コロナ禍を受けて、文部科学省や、外国人を管轄する入管も、オンライン授業でも単位を認めるようになったのだという。

「当校では東日本大震災をきっかけに、少しずつデジタル化への対応を進めてきました。2015年からは生徒全員にタブレットを配るようにしています。教室だけでなくタブレットにも授業の内容を配信したり、『ブレンド型』と言うのですが、まず授業の内容を先にアップして生徒が自宅で学び、それを題材に教室で応用編を学習していく……といった取り組みも行ってきました」

それでも全面オンライン化となると、環境によってタイムラグが生じるなど問題も多い。

「インターネットのデータ容量がなくなったらどうすればいいのか。公共の無料Ｗｉ－Ｆｉがあるところまで行かなくてはならないのか」

「オンラインだと疑問が出てきたときにすぐ聞くことができない。１日１回は質問できる場をつくってほしい」

なんて意見も、学生たちからは集まってきている。逆にオンラインだからこそのメリットもあると山本さんは言う。

「ゲストを招いてのビジターセッションが手軽にできますね。先日もオンライン授業の中で、新大久保商店街振興組合の方に街の国際化のいきさつや課題などを話してもらいました。また大久保図書館では、外国人住民の子供たちに絵本の読み聞かせをする会というのがあって、当校の生徒たちが参加しているのですが、これもオンラインで引き続きやっていこうという話になりました。たとえディスプレイ越しでも、地域と接するのは学生にとって大きな経験です」

コロナ禍によって日本語学校ではオンライン化が進んでいくかもしれない。日本に来ることもなく、現地からネットで授業を受け、日本語を学ぶ。

「でもね、やっぱり〝留学〟だからね」

山本さんはしみじみと言う。実際に現地で暮らし、その土地の空気を吸い、さまざまな人と出会い、交流してこその「留学」なのだろうと思う。そんな日はいったい、いつ戻ってくるのだろうか。

感染の怖さを抱えながら、コンビニで働く

留学生の中で最も多いのは、中国人だ。経済発展が続く中国では、日本より欧米に留学する人が急増しているのだが、それでも12万1845人が日本で学ぶ。これは留学生全体の44％を占める（2020年5月時点、日本学生支援機構による）。

とりわけ、予備校や大学院に通う中国人が増えている印象を受ける。日本語学校ではないのだ。日本にある中国人経営の予備校に「留学」し、徹底的に受験勉強をして、日本の一流大学合格を狙う人。日本の大学院に通って博士号をめざす人。そんな形の留学をする中国人も多い。こうして日本でキャリアを積み、日本で大企業に就職したり、母国でさらにステップアップしていくことを目標にする。中国では、単に「大学を出ました」「日本に留学しました」だけでは、良い就職先が見つからなくなってきているという。そこにプラスアルファを求める時代に

大学院に入学したばかりでコロナ禍となり，ほとんど通学できていない竜有為さん（撮影：史涵）

なっているようなのだ。

そんな中国人留学生たちも、やはりコロナ禍に巻きこまれた。竜有為さん（24）は都内の大学院に入学したばかりだが、授業はオンラインとなりほとんど学校に行っていない。自宅で黙々とPCに向かうだけの日々を送っている。そして授業が終わると、コロナ禍であろうとアルバイトで生活費を稼がなくてはならない。『タウンワーク』で見つけたコンビニで働く。

「日本語学校のときは『てんや』でした。日本人のバイト仲間と話しながら働いて語学力を鍛えられるし、楽しいですね」

なんて笑うが、2020年の2〜3月

頃からけっこうきつい日々が続いている。竜さんの実家は、コロナ・パンデミックの震源地、湖北省にある。はじめに感染が広がった武漢の西、三峡ダムのある宜昌《ぎしょう》市だ。2020年の1月下旬、武漢に続いて宜昌も厳しい「封城（ロックダウン）」に入り、化学プラント関連の仕事をする竜さんの父は出社できなくなった。その間の休業補償は給料の40%。外国で留学する息子に仕送りをすることは難しい。竜さんは異国のバイトで生計を立てることを余儀なくされた。

ところが今度は、「週28時間」の壁が出てくる。留学生は労働者ではない。だから日本の法律では、留学生には1週間あたり28時間のアルバイトしか認められていない（夏休みなど長期休暇中は1日8時間、週40時間）。超過して働いていることがバレればビザの取り消しや強制退去もありえる。取り締まりは年々厳しくなっていて、ビザ更新のときに貯金の額を調べられることもあるそうだ。

実際のところ「アルバイト目的」の留学生も多いし、かれらは28時間制限を無視して複数の職場を掛け持ちして働いているのだが、中国人の場合は経済発展に伴ってそうした「擬装留学生」は減ってきている。竜さんも大学院での勉強が優先だ。だから週28時間はきっちり守っているのだが、それだけの稼ぎで生活するのは「本当にたいへん」だという。中国人留学生どうしで助けあいながら、なんとかしのいでいる。

それに、コンビニの仕事はいわゆる「エッセンシャルワーカー」だ。僕たちの生活するうえで欠かせない仕事なわけだが、そこで働く竜さんたち留学生がどうしても気にかかるのは、やはり感染のリスクだった。不特定多数の人々と接するコンビニの仕事は、コロナとの戦いの「最前線」といえる。そこを東京などの都市部では、かなりの部分、外国人留学生に頼っている。

「毎日毎日、もしコロナになったらどうしようと怖さを感じています。でも生活があるし、辞めるわけにはいかない。同じ職場にはほかにも留学生がいますが、みんな辞めずに働いています」

東京をはじめ7都府県に緊急事態宣言が出された2020年4月7日、竜さんにコンビニの店長からLINEが届いた。

〝こういう状況になりましたが、もし働けないと思ったら申し出てください。問題ないようなら、このままシフトを組みます〟

迷いはあったが、働かないわけにはいかない。引き続きお願いしますとLINEを返した。

コロナを抑えこみ、ロックダウンの解かれた宜昌の両親からは「帰ってこい」と連絡も来る。いまとなっては「震源地」の中国のほうが安全なのだろうが、竜さんに帰るつもりはない。

「ドラゴンボールやワンピース、大好きです。アニメや漫画で日本に興味を持ちました。子供の頃からずっと来たかった国なんです。だから日本に留まろうと思ってます。そもそも、いまは飛行機もほとんど飛んでいないから帰れないですしね。卒業後は日本で、IT関連に就職したいです」

コロナに翻弄される留学生活を送る牛爽さん（撮影：史涵）

日本人の友達ができない

河南省・鄭州《ていしゅう》出身の大学院生、牛爽さん（24）も、やっぱり両親から毎日のように「心配だから帰ってきて」と言われるが、日本で暮らしたいと思っている。

「日本の感染状況がもっとひどくなったとしても、日本でがんばりたい」

彼女も日本を知ったきっかけはアニメだ。高校のときは太宰治や芥川龍之介を中国語で読んだ。やがて日本語の響きに惹かれ、言葉を学び始めて、大学のときには長野県でのインターンシップのために初めて日本にやってきた。そのときに訪れた京都の雰囲気、寺や神社の佇まいが心に残った。

「だから日本にあらためて留学して、日本語をもっと上達させて、中国にある日系企業に就職したいんです」

そんな目標を立ててはいるものの、やはりオンライン授業で登校できず、日本人の友達がなかなかできない。寿司屋でアルバイトしていたが、感染を案ずる両親に猛反対されて仕方なく辞めた。いまは仕送りで暮らしているが、「家にいるばかり」とため息をつく。日本でまだまだ学びたいと思っていても、現実はアパートの部屋での生活が大半を占める。

生まれて初めてのひとり暮らしが、コロナ禍の東京

登校できないどころか「引きこもりなんです……」と、揚陽さん(23)は消え入りそうな小声で話す。大学院の授業をオンラインで受ける以外は、なにも手につかない日々が続く。取材させていただいた日は久しぶりの外出だったらしい。アパートから近いので、と待ちあわせた高幡不動《たかはたふどう》で、まぶしそうに五重塔を見上げる。ふだんはほとんど部屋に閉じこもっている。少し鬱気味のようだった。

異国でのコロナ禍によって心が不安定になっていると語る揚陽さん（撮影：史涵）

上海の大学では外国語学部日本語学科で勉強し、4年次に福岡の日本語学校に留学。学校どうしが提携していて、日本に留学しながら上海の大学の単位が取れるのだそうだ。福岡では中国人のルームメイトと生活しながら、学校に通い、家電量販店でアルバイトを続けた。楽しい日々だったという。

卒業後は東京の大学院への進学を決めたが、そこでパンデミックが日本も覆った。福岡から、日本で最もコロナうず巻く東京へ、行こうかどうしようか。上海に帰ろうかとも思ったが、

「せっかく合格したんだし、前に進みたかったんです」

ぽつりと言う。上京は2020年3月14日だった。大学院に通いやすい高幡不動の

駅のそばのアパートに引っ越してきたが、そこであらためて、自分がひとりきりであることに気がついた。上海では家族と暮らしていたし、福岡ではルームメイトがいた。生まれて初めてのひとり暮らしが、コロナ禍の東京だった。不安でたまらない。

大学院に行けば友達もできると思っていたのに、感染爆発で閉鎖となり、新学期になったのに登校ができない。オンラインでも授業は始まらず、アルバイトも怖くてできず、取材時までの1か月ほどは、ずっと引きこもって過ごした。

「いままでは〝ひとりでいる時間が好き〟なんて思っていました。でもいまは、ひとりでいる時間があまりに長すぎます。東京に来たばかりでなにもわからない。東京には中国人の知りあいはほとんどいないし、日本人の友達もいない。この先もずっとこんな毎日が続くのかと思うと、どうしたらいいいか」

WeChatなどで故郷や福岡の友達たちと話せるけれど、孤独はそれで埋まるものでもない。精神的に不安定になり、ちょっと呼吸に息苦しさを感じたことで「コロナに感染したんじゃないか」と怖くなったりもした。ますます引きこもりがちになる。家でひとりでいるほどに、不安は募る。

揚さんは「いったん帰国しよう」と決めて、数少ない飛行機のチケットを手に入れた。しかし、念願の東京生活、念願の留学なのだ。コロナに負けたくないという気持ちもあった。それにこのとき、世界中に散らばる中国人留学生の間では、議論が巻き起こっていた。

「いま中国に帰国したら、2週間の隔離になります。国全体でコロナと戦っているときに、それは社会的、人的資源を無駄に使ってしまうことになる。留学生は帰らずそれぞれの国に留まるべきなんじゃないかって」

そんな意見もあって、揚さんはチケットをキャンセルした。「やっぱり日本でがんばろう」と思い直したが、気持ちは揺れる。

1年以上も「入国待ち」の留学生たち

こうして中国人留学生たちの悩みを聞いたり、留学業界の経営の厳しさを取材していたのは2020年の3~5月くらいだろうか。その間、東京オリンピック・パラリンピックが延期となり、僕の子供の頃の神でもあった志村けんさんが亡くなり、東京都はじめ各地に緊急事態宣言が発令され、状況は日に日に悪化していった。ダイヤモンド・プリンセス号のニュースを他人事で見ている場合じゃなくなってきたのだ。いよいよ身近にコロナ感染のリスクが迫ってきたのだと実感する。

僕が暮らす新大久保の外国人たちも、2月くらいは「とはいえ日本なんだから、きっとしっかり対策するはず」なんて笑っていたのだが、だんだんと顔が曇るようになってきた。

「ムロハシさん、なんで日本は厳しいロックダウンをしないのですか。東京は大丈夫ですかコレ?」

僕に聞かれたって困るのだが、日本の対策はあまりにも手ぬるいと、外国人たちは感じているようだった。中国やベトナムなど、外出や人の移動を徹底的に法律で制限する国もあれば、ITを駆使してクラスターをつぶし抑制していく台湾や韓国のような国もあるが、日本の対策は基本的に、国民に「自粛のお願い」をするだけの「丸投げ」であった。だから緊急事態宣言といったところで飲食店や一部の施設の営業が制限されているだけで、生活はあまり変わらない。

母国の徹底的なコロナ対策を日々のニュースで見ている外国人たちは、そんな東京の様子にけっこう驚いていた。これでは感染が広がるばかりだと憤る人もいた。カイ日本語スクールのある台湾人留学生は、人波がやや戻ってきた新宿の様子を見て「これは私には無理」と帰国してしまったそうだ。一方で、

「私の国と違って、日本は人権を大事にする国です。だから人の生活を法律で縛ることは難しい。仕方ないことです」

なんて同情的なバングラデシュ人がいたりもした。

しかし、5月25日に緊急事態宣言が解除されたあと、再び感染者が微増していく状況の中で、7月から始まった「Ｇｏ Ｔｏトラベル」キャンペーンを見て、呆れるよりも仰天した外国人は多かった。案の定２０２０年の夏場に感染者が急増したものの、9月には小康状態になったことを受けて、10月に僕たち「海外業界」としては大きな出来事があった。出入国の制限が一部で解除されたのだ。ビジネス、教育などの在留資格を持つ外国人の、新規入国が再開されたのである。その背景には日本の人材業界からの強力な要望があったとも言われるが、ともかく留学生や技能実習生など、観光客以外の外国人が日本に入れるようになった。入国後２週間の隔離などの措置を確約できる受け入れ企業や団体がいることがその条件ではあったが、これで「全世界鎖国」もいよいよ終わるか、来年には観光客も受け入れてインバウンド需要も復活して、僕も海外取材に行けるようになるかなあ……と思ったのが甘かった。

秋が深まり、寒くなってくるにつれて、感染者は爆発的に増えていった。冬の乾燥によって水分を失ったウイルスは大気中に漂いやすくなり、また気温が下がれば人の免疫力も低下する。かくして冬の第3波の中、年末ムードもまったくない12月26日に外国人の新規入国はわずか２か月で停止。新年早々1月7日から2度目の緊急事態宣言が出されて、先行きのまったく見えない２０２１年が始まった。

こうして出入国制限が繰り返される中で、翻弄され、混乱する人々が多かった。

「故郷で家族がコロナにかかって亡くなったのに、葬式に帰ることもできない」

知人のネパール人はそんなことをつぶやいた。

そして、出入国の狭間に取り残されてしまった人々が、少しずつ増えていった。日本への留学を希望し、正式に書類を取得しながら入国できず、母国で待機をしている留学生たちだ。日本は2020年3月に入国制限が始まり、10〜12月だけわずかに開いたけれど、2021年はずっと国境を閉ざしてきた。だから10〜12月のタイミングを逃してしまい、1年以上も日本に入れず、待ちぼうけをくらっている留学生もいるわけだ。

一方で、欧米諸国は日本をはるかに上回る感染状況でありながらも、国境を開け、留学生を受け入れつつあった。ワクチン接種が広がっていった2021年からその動きは広がり、もちろん検疫措置はあるものの留学はできるようになっていったのだ。つまり、日本から海外への留学はできる。しかし、海外から日本に留学はできない。加えて、東京オリンピック・パラリンピックの選手と関係者は、国や地域にもよるが、大部分が隔離なしで日本に入国できることが発表されたりもしていた。きわめて不公平な状況が生み出されてしまっていたのだ。日本に入れないまま、待ち続けている留学生は2万7000人に及ぶという。かれらが声を上げ始めた。

日本人は海外留学できるのに、外国人留学生は日本に入れない

2021年5月26日。ふたりのイタリア人大学生が、日本外国特派員協会で記者会見を開いた。

「G7（フランス、アメリカ、イギリス、ドイツ、日本、イタリア、カナダ）の中で、なぜ日本だけが留学生の受け入れを再開していないのか」

「留学生には厳しい入国制限を課しているのに、なぜオリンピック選手と関係者は日本に入国できるのか」

などと、母国からオンラインで訴えた。日本の入国がいつ再開されるのか、あるいは再開の見込みはないのか、現地の日本大使館などに問いあわせてもはっきりとした返答はない。だからどうしたらいいのかわからず、宙ぶらりんの状態が続く。日本でキャリアを積むことをあきらめ、別の人生を歩き出したほうがいいのか、その目処もつけられないまま、時間だけが過ぎていく。奨学金を失う人も出てきている。

「私たちは日本から見捨てられたと感じている」

会見でかれらはそう語った。「待機留学生」たちが業を煮やしてメディアに訴えたのは、自

分たちだけが取り残され、人生を浪費させられているという思いが強いからだ。

僕がときおり仕事をしていた留学情報誌のほうに話を聞いてみた。

「アメリカやカナダ、イギリスといった留学の人気国は、ＰＣＲ検査や到着後隔離などの検疫措置はありますが、留学目的の入国は可能になっています。とくにアメリカは24時間いつでもＰＣＲ検査やワクチン接種ができる大学があったり、対面授業の再開が進んでいることもあり、この夏から日本人留学生の増加が見込まれています」

意外だった。日本から欧米への留学ビジネスは復活しつつあったのだ。またタレントの光浦靖子さんが、7月からカナダ留学することを発表し、話題にもなった。日本人はコロナ禍のいまも海外留学できるのだ。しかし、海外から日本へは、ごく一部の国費留学生をのぞいて留学目的の入国はできない。出入国は相互主義であるはずではないのかと、外国人留学生たちは疑問を感じている。

さらに東京オリンピック・パラリンピックの選手や関係者が、隔離を免除される特例つきで、続々と日本に入国してきていることも不公平感を助長する。

留学生と言うと「アルバイト目的の半ば労働者ではないのか」と思う日本人もいるだろう。しかし、いま日本政府に対して声を上げているのは欧米を中心とした大学生や大学院生、研究者たちだ。かれらは何年もかけて留学を準備してきた、スキルや高い学力を持った人々だ。そして日本で暮らし、日本語習得や、日本語を土台とした専門分野での研究を行ってキャリアを積むことを人生設計の中に組み入れている。留学後は日本の大手企業での就職を目標としている人も多い。日本政府が本来必要としている「専門的な技術や知識を有する外国人」つまり「高度外国人材」の候補生とも言うべき人々だ。

オリンピック選手は隔離なしで日本に入れる

外国人が日本に留学するときはまず、COE（在留資格認定証明書）を取得する必要がある。これは通常、日本側の受け入れ教育機関などが手続きを代行して日本の入管に申請し、交付されるものだ。そして留学生はこのCOEを持って、現地の日本大使館で留学ビザを申請・取得するという流れになる。

つまりCOEは「入国のお墨つき」ともいえる書類なのだが、これが交付されたから日本に留学できるのだと思い、仕事を辞め住居を解約して、ビザも下りたのに、入国できない……そんな留学生が多い。コロナ禍となっても、COEは発給されているのだ。

「COEという公的書類を取得しているのに、入国できるのかできないのか、何の連絡もないまま1年以上も待ち続けています」

日本への留学を望みながら入国再開を待ち続けているマリア・アレジャンドラさん

コロンビア人の大学院生、マリア・アレジャンドラさん（24）はＺｏｏｍ越しにそう憤る。治安に大きな問題を抱えるコロンビアで生まれ育ったが、留学先のカナダで知りあった日本人から、日本の憲法について聞いた。法律で戦争を禁じる考え方に感銘を受けて、日本の法制度と文化を学ぼうと2年ほど前から準備を続けてきた。

日本の大学院との交換留学生を目標に勉強を重ねて試験に合格し、ＣＯＥを取得して、その後２０２０年2月に留学ビザを受領。3月にいよいよ渡日というところで、パンデミックが襲った。全世界的に入国制限が厳格化し、日本も国境を閉じた。

その後、２０２０年10月の入国制限緩和の時期に、マリアさんはもう一度ビザを取

留学のために住居も解約したのに日本への入国ができないと言うイク・ツリーさん

得するなど準備をし直し、２０２１年１月出発の航空券を買ったものの、このときもフライト直前で再度の入国制限が始まってしまう。それからは取材した６月末まで、日本に入国できる日を待ち続けている。

「いつ行けるのか、行けないのか、なんの情報もありません。日本はオリンピックで９万人の選手や関係者を入れると聞いていますが、私たち留学生は１年以上、放置されています」

ベルギー人のイク・ツリーさん（30）も、やはり出発直前に入国制限となり、それから１年以上ずっと日本で学べる日を待ち続けている。この日はマリアさんとイクさんをＺｏｏｍでつないでの取材だった。

「日本に長く住みたいと思っていたので、

住居はすべて引き払っていました。それこそスプーン1本まで売って準備していたのですが」

入国制限によって行き場を失い、実家に転がりこんだ。以降、いつ日本に入国できるのかはっきりしないので新しく家を借りるわけにもいかず、家族のやっかいになっている。

「私だけ家族の負担になってしまっているようで心苦しいです。それ以上に、将来のプランが思い描けないことが本当につらい」

イクさんはイラストレーターだ。矢沢あいさんの『NANA』をはじめ、日本の漫画やアニメに興味を持った。日本に留学して日本語と文化を学び、自分の作品にも取り入れていきたいと考え、日本語学校への入学を決めた。しかしそんな夢も、いまは先が見えない。

「これからどうなるのか、まったくわからないまま暮らしています。日本政府からは入国についてなんの説明もありません」

マリアさんは切実に訴える。

「何度だってPCR検査をするし、到着後の隔離や行動制限にも従います。それに私はもう二度のワクチン接種を済ませています。それなのにどうして入国が許可されないのでしょうか」

深夜2時30分からのオンライン授業

マリアさんもイクさんも、オンラインでの授業は受けている。しかし時差があるため、イクさんは毎朝5時起床だ。

「でもやっぱり、クラスメイトと一緒にいたい。オンラインの画面を見ながら、私もあそこで学びたい、日本の空気を吸って、日本の文化に触れたいと毎日思っています」

マリアさんはなんと、深夜2時30分から授業が始まる。その後、朝まで勉強をして、少し寝たあとに仕事へと向かう。しかし当然のことながら、やがて心身を壊した。いまは鬱気味となり、眠ることができず、授業はいったん休んでいる。

「こんな日々が1年以上も続いています。キャリアを積むのもだいぶ遅れてしまいました。メンタル的にも限界です。私は日本への留学を目標に、たくさんの時間とエネルギーとお金を使って、ここまでがんばってきました。日本社会にも貢献したいと思っています。どうか留学生を脅威だと思わないでほしい」

イクさんも言う。

「私たちのような留学生がおおぜい海外にいることを、日本人に知ってほしい。日本のことが大好きだし、まだ日本に行きたいと思っています。そして日本政府は、私たちのことを忘れないでほしい」

国際的な信用問題につながりかねない

カイ日本語スクールも加盟する日本語教育機関関係6団体が実施したアンケートには、日本に留学できない留学生たちからの切実な返答が並ぶ。

「この大冒険のためにずっと準備をしてきたのに、入学できるかどうかわからないまま毎日が過ぎていき、宙ぶらりんな生活を送っていて、とても悲しい気持ちです。そして、夢を叶えたい、日本に貢献したいと切望している留学生に対する差別があると感じていないといえば、嘘になります」（スペイン、25歳）

「入国がさらに遅れるようであれば、私は奨学金と、日本に行って勉強する機会を失うことになります。奨学金には滞在費、授業料が含まれており、私が日本に来ることができる唯一の理由でした」（インド、22歳）

「私の大学では3年時のいましか留学できないので、このチャンスを逃すと二度目はありません。これまでひとりで数えきれないほどの時間をかけて日本語を勉強してきたにもかかわ

らず、です。この目標のために費やしてきた年月が無駄になると思うと、泣きたくなります」（イギリス、20歳）

「私の人生は止まったままなのです」（カナダ、21歳）

もちろんコロナ禍は世界的、歴史的な大災害ではある。厳しい入国制限も当然のことだろうと思う。しかしそれならば、せめて留学生たちの止まってしまった人生がまた動き出せるように、日本政府はなんらかのガイドラインを示すべきではないのだろうか。入国できないならできないで、はっきりと方針を打ち出さないと、立ち往生したままの若者たちが、人生を無駄に消費し続けてしまうばかりだ。

そもそも日本にこれだけ留学生が増えたのは、２００８年に政府が打ち立てた「留学生30万人計画」によるものだ。そのために海外では日本留学をアピールし、国内には数多くの日本語教育機関が設立され、大学や大学院でも外国人の受け入れを進めてきた。計画は２０１９年に達成されたが、コロナ禍となったとたんにハシゴを外して放置では、国際的な信用問題にもなりかねない。

「それでも学ぼうと、オンライン授業に参加する学生たちは本当にまじめで、意欲も高い。宝だと思いますよ。この人たちにいま誠意ある対応をしないと、と思っています」

山本さんはそう語る。

外国人は、日本にとって「例外の人」

「私ね、もともとゼネコンのＯＬだったのよ」

ひと気のなくなったカイ日本語スクールの校舎の中で、山本さんは語り始めた。学校の授業は取材時の２０２１年6月現在、オンラインと対面とを並行して行っているが、登校してくる生徒は少ない。この日、見学させてもらったクラスは12人なのだが、学校に来たのは３人だけ。あとは画面の向こうだ。どのクラスもそんな感じだから、コロナ前は賑やかだった学校も静まり返っている。密にならないようにと教室の壁を抜いて、ふた部屋をひとつにつなげたりもしたので、なおさらがらんとした印象だ。

「その頃の日本の企業って、女はどれだけがんばったって主任止まり。お茶くみコピーだけの世界でね。そもそも男性社員の雇用主は社長なのに、女性社員の雇用主は人事部長だった」

そんな風潮も、そこに迎合してしまう先輩の女性社員にも違和感を覚えて、会社を辞めた。気になっていた職業があったのだ。

「大学の卒論が『パーソナリティと言葉の関係』って内容で。それを評価してくれた教授が、日本語教師の養成をしていたんです。その頃は、そんなマイナーな仕事が世の中にあるんだって思ってたんですが」

思いきって日本語教育の世界に飛びこんでみることにした。退職金をはたいて養成講座を受け、日本語教師になった。まず教えたのは、台湾人だった。台湾では1980年代から海外渡航の自由化が進んだからだ。留学だけでなく、怪しげな夜の商売の人々も多い時代だったそうだ。その直後に、今度は韓国人も急増する。そんなアジア系のさまざまな民族が集住する街として、新大久保はすでに知られていた。山本さんの勤める学校も、新大久保に系列校を出すことになる。

「新しい学校なら、自分のやりたいプログラムでできる！って志願したんですが」

来てみれば台湾人や韓国人のほか、タイ人やマレーシア人、ミャンマー人など東南アジアの人々が雑居する世界にたじろいだ。フィリピン人の水商売の子が日本語を勉強したいと飛びこんできたり、その頃からもう、あちこちでアジアの野菜が売られる異国のような街だった。まだまだ荒っぽい時代だったこともあっていま以上のカオスだったようだが、山本さんは次第に新大久保になじんでいく。やがて1987年には仲間たち4人で学校を買い取り、独立した。そして、この街で生きる外国人たちに、30年以上も日本語を教え続けてきた。

「いろんなことがあって飽きないですよね」

そう軽く言うが、留学業界は国際情勢の影響を受けやすい。1997年のアジア通貨危機のときも留学生は減った。円高になれば外国人にとっては授業料が上がるので、やはり日本の留学人気は下がる。１９９５年は阪神・淡路大震災と地下鉄サリン事件で日本を敬遠する人が増えてたいへんだった。２０１１年の東日本大震災では放射能を恐れる外国人が日本からいっせいに去り、新しい留学生も入ってこなくなり「もう無理だな」と思った。それでも踏ん張って、学校を続けてきた。

そして今回のコロナ禍は、新入生がほぼ消えてしまうという未曽有の事態だ。運営は厳しい。だが、日本国内で不安を募らせる留学生、国外で待機する留学生たちの対応に走り回る。時代がどうであれ、日本で学ぼうという外国人を受け入れ、サポートし続けてきた。

「外国人って、日本にとって〝例外の人〟だと思うんです。例外って、日本のシステムの中では見えない、問題として存在していないのと同じなんですよ」

山本さんは言う。

「……実はね、私、結婚しないで娘を生んだの。それって例外なことじゃないですか。そのときにいろいろなことがあって、自分はこの国では例外なんだ、外れてしまったんだって実感したんです」

なにかを思い出すように、そんなことをつぶやく。本当にいろいろあったのだろうと思った。

「外国人も、まったく同じなんです。日本では例外な存在。日本人の問題の視野に入っていない。だから私が、代弁者というかね、かれらとつながって声を届けられたらと思うんです」

「日本は、国民になにもかも任せて、国がなにもしない」

2021年6月、1年ぶりに、竜有為さん、牛爽さんと会った。ふたりとも同じ大学院の2年生になっていたが、入学以来の1年あまりで登校したのは10回にも満たない。

「図書館や、どうしても必要な手続きのときだけです。授業は再開してから、ずっとオンラインです」

バラエティ豊かな学食で有名な大学だとかで楽しみにしていたのだが、開いていた時期はほとんどなく、まだなにも食べていない。オンラインの授業もなかなか慣れないようだ。

竜さんは「9時からの授業でも、8時30分に起きればいいのでラクです」と笑いながらも「相手の反応がわかりづらいのはやりづらいですね」と言う。牛さんも、

「発言するのは誰かひとりだけで、その間はじっと待っている。直接話もできないし」と、やはり対面授業になってほしいそうだ。

場所を選ばず大人数で集まることができる便利さの一方で、空間を共有しているわけではないのでちょっとした細かなやりとりができないもどかしさ。そんな感覚はオンラインでの取材

も同様だ。それに登校していないのだから、どうしたって接する人は減るし、日本語を使う機会も少ない。

ふたりとも大学院ではそれぞれの研究室が「居場所」になっていたのだという。日本人も外国人もなくなんとなく集まってきて「そこに行けば誰かがいる」空間。しかしここも、やはりコロナで閉鎖が続く。その代わりに、毎週金曜日の夜に研究室の仲間がオンラインで集まるようにはしているが、どうしたって人とのつながりは薄くなる。コロナは留学生に必要な濃密なコミュニケーションを奪ったのだ。

「いまは就職活動をしていますが、正直うまくいっていないです。海外展開しているメーカーや商社にあたっていますが、コロナの影響で採用が減っていて、かなり厳しいです」

牛さんはつぶやく。ずっと日本企業での就職を目標にしてきたが、いまは帰国も考え始めている。まわりの中国人たちにも、やはり帰国の動きが出てきているようだ。就職が難しいということもあるけれど、加えて日本のコロナ対策に不安を感じているのだという。

「日本はしっかりした国だから、もっと早くコロナを抑えこむと思っていました。でも、街にも人の表情にも緊張感がないし、コロナの怖さが伝わっていないようにも思う。レストランもどこもいっぱいだし」

そう言いながら、牛さんは取材の場所に選んだカフェの店内を見渡した。東京などに出された3回目の緊急事態宣言が解除されたばかりの日曜日、店はおおぜいのお客で賑わっていた。たしかに緊張感はない。僕にもない。取材はオンラインのほうが良かっただろうかと申し訳なくなる。

竜さんも、遠慮がちに言う。

「去年のGo Toはびっくりしました。意味不明だと思った。悪化していくのは目に見えているのに」

ふたりとも「日本は民主主義の国だから、やり方が違うのはしょうがないんだけど」と前置きしつつ、

「日本は自分が感染したと思ったら検査に行く。中国はある地域に感染者が出たらそのあたり一帯の人をぜんぶ検査する。個人ではなく、国がどんどんやる」

「中国では都市間の移動でもIDが必要で、個々の移動経路がわかるから感染者を追いやすい。それにはもちろん個人情報の面では怖さもあるのだけれど、コロナのようなときには強い。日本も、そこまでじゃなくても、もう少し厳しい対策をするのかと思った」

なんて口々に言う。厳格な管理体制の国からやってきた留学生たちには、日本はきわめてフリーダムでお気楽な国に見えるのだろうと思う。そこが日本人の良さでもあり、弱いところでもある。しかしかれらにとってなにより不思議であるのは、有事を前にした日本の為政者たち

の無責任ぶりのようだった。

「日本は、国民になにもかも任せて、国がなにもしない。国に責任感がぜんぜんないのかなと思いました」

言葉を選ぶように、竜さんは言った。彼もやはり、帰国を考えている。あれほど日本での就職を望んでいたのだが、

「対面の授業ができなくて、日本語が上達しません。この状態で就職をするのは、ちょっと無理です」

残念そうな顔だった。僕の取材に応じるくらいの語学力は十分にあるのだが、それでも1年前とあまり変わっておらず、伸びていない。ビジネスの場で使える日本語としては難しいかもしれないと思った。

コロナによって思い描いていた留学生活を送れない人。留学が決まったのに入国ができず、人生が止まってしまっている人。憧れていたはずの日本がコロナとオリンピックの狭間で右往左往する姿に、幻滅した人。そしてノイローゼ気味だった揚陽さんは、誰に告げることもなく帰国してしまったそうだ。いちおう大学院には在籍していて、オンライン授業にも顔を出すが、欠席がちで精神的に不安定なようだ。コロナ禍は留学生たちのまだ若く貴重な時間を、容赦なく奪い続けている。

Chapter 5
翻弄される技能実習生たち

ベトナム人を犯罪に追いこんだもの

２０２０年10月26日。群馬県警は太田市内の民家を家宅捜索し、住んでいたベトナム人の男女13人を逮捕した。群馬県や栃木県、埼玉県など北関東各地で果物や家畜の盗難が相次いでいた事件に関与した、という容疑だった。

さらに同じく群馬県太田市や埼玉県上里町で、許可なく豚を解体した「と畜場法違反」の疑いで、相次いでベトナム人を逮捕。「豚の解体」という日本人にとっては耳慣れない、あるいは遠い昔に忘れ去られたワードによって、一連の事件はほとんど猟奇殺人のような扱いで世の話題となった。さらに豚肉や果物は、Ｆａｃｅｂｏｏｋを介して日本各地に住むベトナム人に密売されていたという話も報じられ、また薬物事件や偽造在留カードの売買など、ベトナム人が関わるさまざまな犯罪が次から次へと出てきた。ワイドショーの視聴率もニュースサイトの

PVも、話題が集中するほど伸びるから、たたみかけるように過剰に報道されていたこともあるが、それにしたってネタが多すぎる。在住ベトナム人に対する、日本人の「忌避感」はきわめて強くなったといえるだろう。

一方で、かれら犯罪に走るベトナム人のかなりの部分が「技能実習生」であることも問題になった。「日本で学んだ専門技能を、母国に持ち帰って役立てるリッパな国際貢献であり、技術移転」というお題目で、1993年から始まった技能実習制度だが、かねてから「現代の奴隷制」とも揶揄《やゆ》されてきた。かれらはおもに、建設現場、工場、農業、漁業など、日本人が見向きしなくなった肉体労働の現場で働く。もちろんそこでなんらかの技能を学んでいる「実習」の意識は当人たちにも雇っている日本人にもなく、単純に労働力であるわけだが、その待遇がかなり厳しい。

「あいつらはサイチン（最低賃金）でいいから」

と話す日本人の雇用主も多いように、給料はきわめて安い。そこからさらに寮費や光熱費などの名目で天引きされ、手元にはほんの数万円しか残らない……。そんな実習生もいる。なかなか手ひどく搾取されてしまっているのである。

で、この技能実習生（在留資格は「技能実習」だ）は、2021年の統計だと日本で37万8200人が働いている（**図3**）。2008年の10万4990人から、12年で4倍近くにまで膨れ

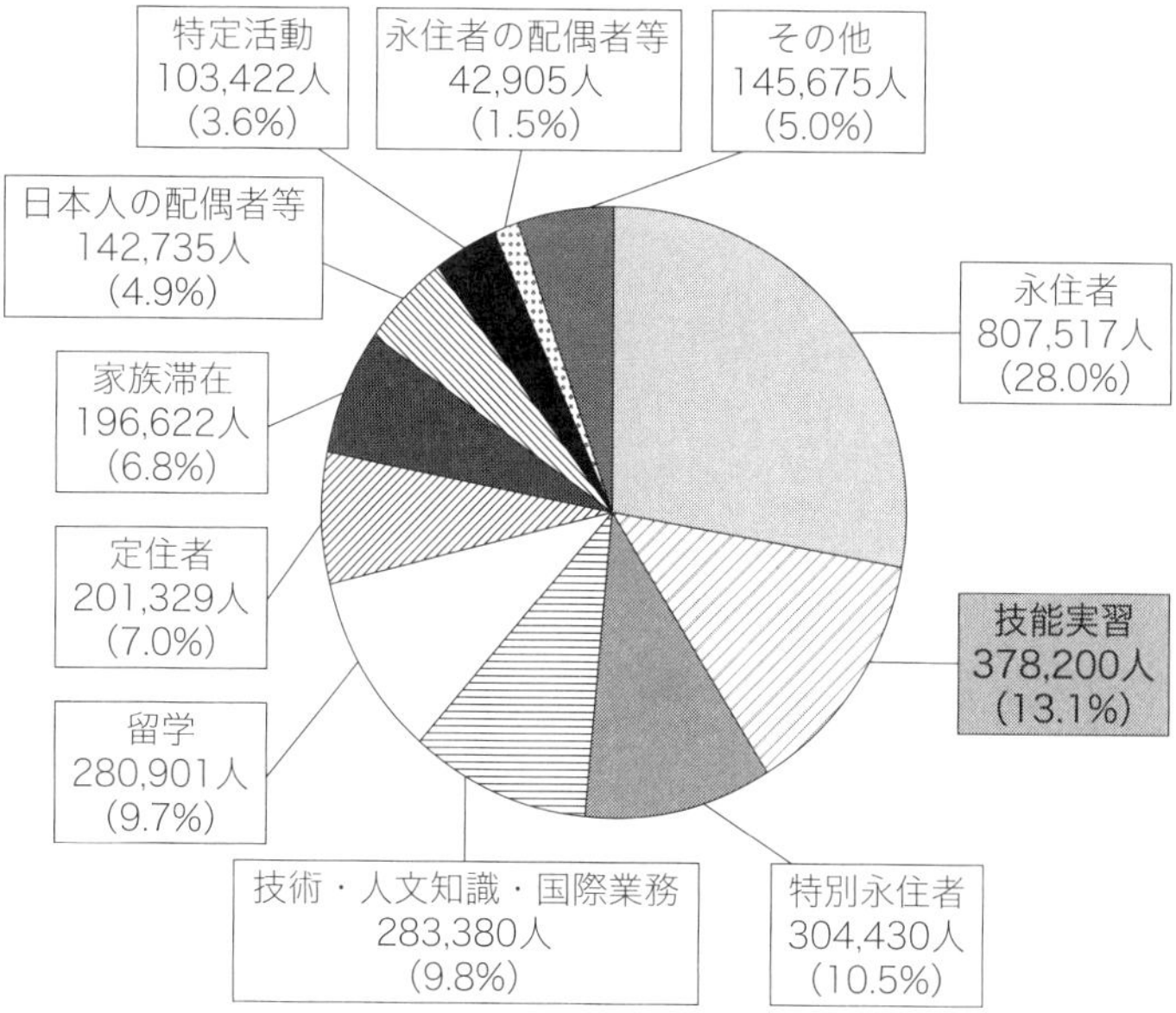

図3：在留外国人の在留資格別構成比（2021年の法務省統計をもとに作成）

上がった。少子高齢化の労働力不足を穴埋めするために、おもに地方の肉体労働の現場で重宝されてきたが、そのうち実に20万8879人がベトナム人なのである。

在日ベトナム人はおよそ45万人だから、半数近くが実習生だ（**図4**）。日本に住むすべての外国人数が288万7116人（2020年末時点）なので、うち7%がベトナム人技能実習生ということになる。

なぜこれほどまでにベトナム人が増加したのか。ひとつにはそれまで技能実習生の「主役」だった中国人が、大幅に減ったことがある。母国が経済発展を遂げたので、日本で肉

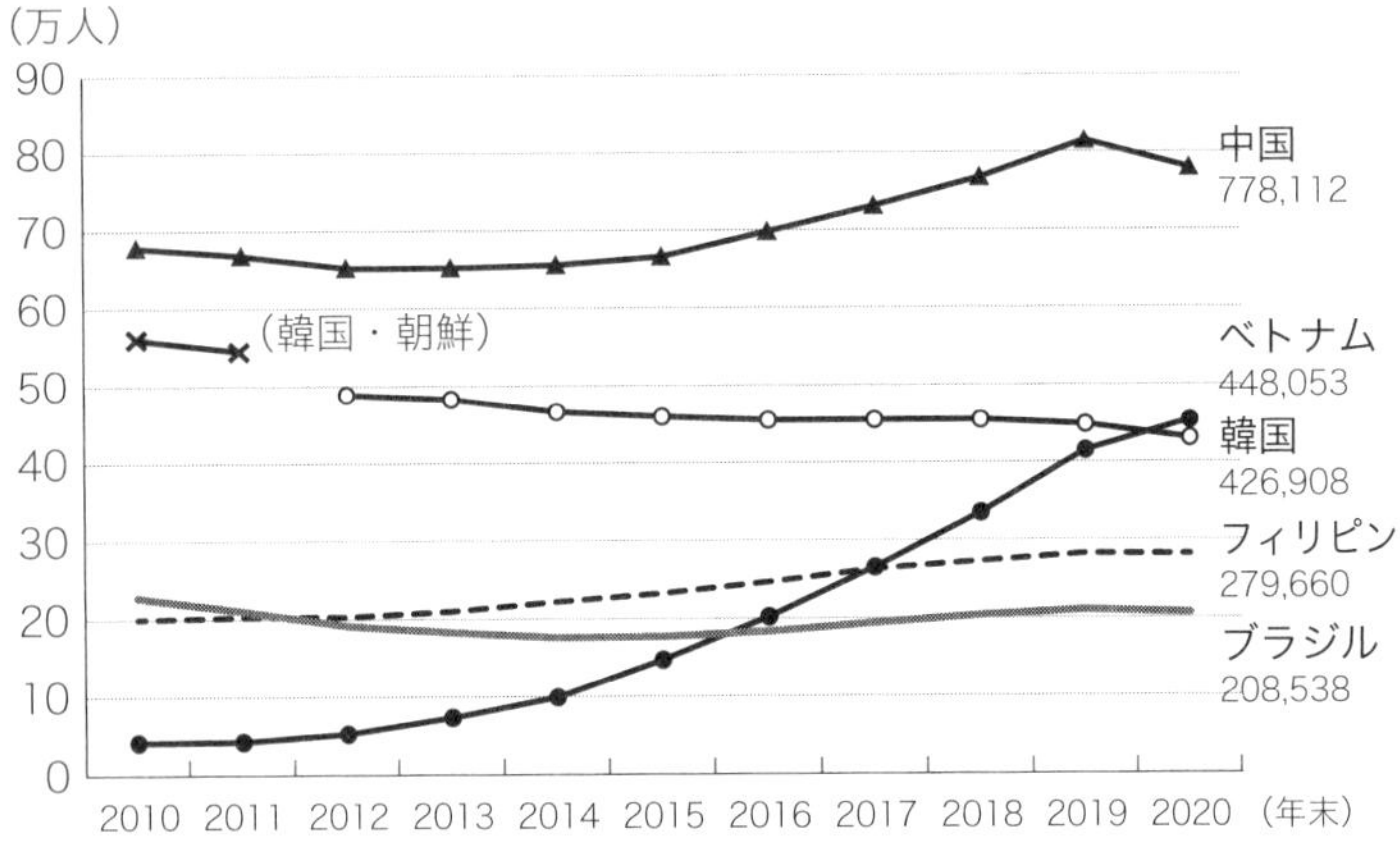

図４：在留外国人数の国籍・地域別の推移（2021 年の法務省統計をもとに作成）

体労働に従事する必要がなくなったのだ。

そこへベトナムが台頭してきた。ベトナムだって経済成長の真っ只中にあるのだが、まだまだ貧しい層も多いし、地方の農村はなおさらだ。そのためベトナム政府は貧困対策として「海外出稼ぎ」を奨励している。日本だけでなく韓国や台湾など国外で働くベトナム人はおよそ58万人に上ると見られ、かれらから本国への送金額は１６６・８億米ドル、約１兆８２００億円というとてつもない額になる（世界銀行による、２０１９年）。ここには出稼ぎという枠を超えて外国に定住したベトナム人である「越僑」およそ４００万人からの送金も含まれているが、それにしたって海外送金がＧＤＰ（国内総生産）の６・４％を占めるという「出稼ぎ国家」なのである。

で、労働力不足の日本と需給がマッチしたわけだが、その関係性があまり健全ではない。労働者としてのベトナム人は「技能実習制度」という枠組みを使って日本にやってくるのだが、かれらはまず現地にある「送り出し機関」と呼ばれる人材派遣会社に登録し、そこで日本語や日本の文化、職業訓練などを受ける必要がある。そのための費用としてときに法外な額を請求されるのだ。

ベトナム政府はいちおう送り出し機関がハネてよい仲介手数料を3600米ドル（約40万円）と定めているが、律儀に守っている業者は少ない。これはワイロ社会であるベトナムの、お役人と送り出し機関がゼニカネで癒着しているからとも言われる。結果として実習生は手数料などの名目で100万円を超える額を支払わされることもある。そんなお金があれば国外出稼ぎなんぞ行かないわけで、これは借金として背負わされる。担保となるのは実家の田畑や、両親の生命保険なんてケースもあるというからえげつない。そして送り出し機関の運営母体は金融関係者がかなり多いそうで、金で人を縛る手口には長けている。はじめから実習生を食い物にする経営スタイルなのである。

加えて、その送り出し機関に人材を流しこんでいくブローカーが介在すると、さらにキツいことになる。かれらブローカーはおもに地方の農村を回り、学力や知識に乏しい層に日本への旅立ちを熱くアピールするというが、

「この人たち、巧いんだホント」

とある実習生は苦笑しながら思い返していた。あれよあれよという間に借金を背負って送り出し機関のテキトーな日本語の授業に参加することになり、気がつけば日本に行くことになっていた。なんかおかしいなと思っていながらも、仕送りを期待する両親のことを思えば引き返すわけにもいかず、労働条件の詳しい説明もなく（聞かないほうにも大いに問題はある）、日本にやってきてから後悔したという。

当然ながら彼の背負った借金にはブローカーの取り分もキッチリ乗せられており、その額150万円。それを「サイチン」で支払っていくのは困難だ。

さらにさらに、実習生は日本側では監理団体あるいは組合と呼ばれる機関が受け入れ、傘下の企業に派遣されていくわけだが、ここでも不当な額の天引きやら、残業代の不払いやら暴力やらセクハラやらが待ち受けている。

だったらどうしてそんな日本に来ちゃうのよ、と思うが、そこはブローカーや送り出し機関の「巧みさ」もあるだろうし、搾取されつつもそれなりに稼いで帰国した郷里の先輩や仲間の影響も大きい。すべての技能実習生がつらい思いをするわけでは、もちろんない。ちゃんとした送り出し・受け入れ機関、職場だってたくさんある。実習生として稼いだお金をもとにビジネスを始めてうまくいったり、家を買ったりする人もいる。そんな「ジャパンドリーム」はたしかに実在するのだ。

そしてもうひとつの要因として、悲しいことだが実習生側のリテラシーの低さ、があるようにも思うのだ。ブローカーが地方の農村部を草刈り場として「営業」に回っているのもそういうことだろう。日本の技能実習制度の闇の深さはネットを検索すればベトナム語でもいくらだって出てくるわけだが、スマホは持っていても使うのはSNSとゲームくらい。東南アジアの田舎のノリとして、あまり深く考えず話に乗ってしまう、良くいえば人の良さ、悪くいえば単純さがある。

かれらは発展していくハノイやホーチミンなどの大都市を遠くから眺め、夢や野心を煽られている。発展途上国の、ギラギラした熱をまだ帯びているのだ。ベトナムも都市部ではこの10年ほどでだいぶスマートになったなという印象を受けるが、地方はまだ荒っぽいところもある。そこに生きる若いエネルギーや上昇志向も、無知や無邪気さもそのままに、とりあえず行ってみっかと、ポンと日本にやってきてしまったというわけだ。実際にベトナム人実習生たちと会ってみると、田舎のヤンキー的な感じの若者がけっこう多い。話してみると親しげな兄ちゃんだったりするが、まとう空気はなかなかに粗野だったりする。

だから日本の実情をろくに調べずに、良い話だけを信じてやってきてみてあとから困ったり、ときにそのワイルドさでもって反発し、逃亡したりする。リテラシーの低さはあるかもしれないが、そのぶんエネルギッシュなのだ。

日本人とは生きてきた土台や背景がずいぶんと違う。そんな人々を単純な労働力として飼い慣らそう、サイチンで働かせようという制度そのものがハナからおかしい。はっきりいえば、日本人はベトナム人をナメていたのだ。

で、こんなもろもろの問題がかねてから噴出していたところに、コロナ禍となったわけだ。

「2020年の3〜4月あたりから、自動車系や建設系の業界で、実習生の受け入れを予定していた企業からかなりのキャンセルが出るようになったんです」

と語るのは、広島県内の大手監理団体の関係者Sさん。生産が減少し、仕事量が減ったため、技能実習生を雇う余裕がなくなったのだ。これが日本入国前ならまだいい。しかし日本ですでに実習生として働いていたところ、仕事がなくなり、行き場を失う人も続出した（行政は「実習が中止となった」、なんて言い方をする）。

かれらの待遇は、雇われている企業や監理団体によってずいぶんと違った。きちんと給料をもらいつつ自宅待機という人もいた。仕事がなくなってしまったぶん、給料がいくらか下がったが、そのぶん寮の家賃は当面、会社が負担するというところもあった。しかし中には、

「コロナで仕事が減っているのだから給料は払わない。しかし寮の家賃はいままでどおり払え、という悪質な会社があったのも事実です。泣く泣く貯金を切り崩す実習生、親に仕送りしていたので払う家賃もなく、寮を出ていってそれっきりの実習生もいると聞きます」

かれらはいったい、どこへ消えたのか。

転職をする実習生もいる。従来の技能実習制度は、たとえば溶接から溶接、建設から建設というように同じ業種内でしか転職ができなかった。ひとつの分野で技術を学んで母国で役立てる、というタテマエだからだ。しかしコロナ禍の救済措置として、違う業種への転職も可能となった。

ただし在留資格は「特定活動」となる。滞在できる期間は技能実習の3年間（延長すれば5年間）に比べて1年と短い。そのうえ、2019年に新設された「単純労働用の在留資格」ともいえる「特定技能」の取得をめざすことが前提になっている。「特定技能」の在留資格で働けるのは介護や建設、農業や漁業など14の分野だ。ただし特定技能の取得には日本語と技能の試験が必要で、なかなかハードルが高い。それもあって「職場」と「在留資格」をうまく移行できている外国人はあまり多くはないようだ。

「しかし、こういった国の取り組みそのものを、実習生に教えない企業や監理団体もあります。まともな企業であれば、いままで一生懸命に働いてくれたのだからと、自分の会社で仕事がなくなっても、どうにか引き続き働けるようにと、監理団体と組んで転職先を探したりもします。しかし支援をいっさいしないところもある」

働く場がなくなったら使い捨てで、家賃が払えないなら寮を出ていけと、お金もなく仕事を失った外国人を追い出す日本人雇用主が存在する。まだ借金を抱えたかれら実習生は、なんとしてもこの国で生き残り、働き、稼いで、仕送りしなくてはならない。しぜんと、非合法な仕事に手を染めることになる。犯罪に走っても生き抜こう、稼ごうという連中だって出てくる。故郷の田舎の田んぼでやっていたのと同じように、カモを捕まえて食べちゃったりもする。豚をさらって解体して売りさばくやつもいる。かれらを野に放ったのは、ほかならない日本人なのだ。

コロナ禍の入国制度も悪用して金儲け

コロナによって仕事がなくなり困る実習生も出てきたが、コロナによる入国制限で新規の実習生が入ってこられず、人手不足に陥る業界も出てきた。「ステイホーム」の影響から需要が増していた食品や総菜製造などの工場や、そこへ生産物を卸している農業といった分野だ。基本的に3年任期の実習生は毎年「新入生」が入ってきて入れ替わっていくのだが、その波が入国制限でストップしてしまったのだ。いまが稼ぎどきの業界としては困った。そこで待遇を上げたり日本人を高給で雇用しようという発想にはならなかったようで、引き続き低賃金のベトナム人をはじめ技能実習生の労働力に頼っていた産業からの声に押されたからなのかはわからないが、2020年10月から入国制限を一部で緩和する「レジデンストラック」という仕組みが始まったのだ。

これはベトナムをはじめ、シンガポール、韓国、中国など11か国を対象に、一定の防疫措置をとったうえで入国を相互に認めるというもの。もちろん観光客は対象外で、ビジネス渡航や、家族がいるなど長期滞在者に限った措置なのだが、技能実習生も「ビジネス渡航者」に入るのだ。

「まず実習生は現地出発前にPCR検査を受け、陰性証明書を取得します。そして日本に入国後は、公共交通機関を使わず、14日間の個室での隔離と、専用アプリによる行動・健康管理が求められるというものです」

そう説明するのは、「レジデンストラック」に関わる業者Yさんだ。監理団体や、監理団体から委託されたYさんのような業者が、実習生を空港まで迎えに行き、2週間の隔離生活の面倒を見ることになる。実習生はどこにも出かけることができないため、買い物の代行などこまごましたことも引き受けるのだが、費用は受け入れ企業の負担となる。これがかなりきついのだ。というのも、隔離用にわざわざ部屋を借り上げなくてはならないからだ。実習生がひと部屋2、3人で生活するための寮はあらかじめ確保していても、隔離用の施設は「個室、バス、トイレの個別管理ができる施設」であることが厚生労働省から求められている。そのためウィークリーマンションや、インバウンド需要が消滅し閑古鳥の鳴くホテルなどが使われたが、その費用は受け入れ企業持ちだ。

そして、突貫でつくられた制度に寄生する連中が出てくるのは世の常か。

「ここをできるだけ安く上げるために、個室に数名の実習生を詰めこんで『隔離』している場合もある。というのも私たちレジデンストラックを請け負う業者の間では価格競争が起きてるんですよ。少しでも安い値段で実習生受け入れ企業から受注するために、隔離ホテル代を抑えたい」

だから厚生労働省の定めたスキームを無視してタコ部屋の「密」な環境で隔離させる業者も出てくる。実習生はあらかじめPCR検査を受けているからクラスターにはなりにくいのかもしれないが、それにしたって「そこまでケチるか」「そこまでしゃぶるか」というのが技能実習生にタカる悪質な業者の生態でもある。

そしてこのレジデンストラックの間だって「実習期間」であって、当たり前だが給料が発生するわけだが、これを払わない企業もある。「隔離されているだけでなにも仕事していないんだから、この2週間の給料は出せない」と言われれば、日本に来たばかり、隔離が明けたばかりでよく事情のわからない外国人は従うほかない。

「レジデンストラックと仕事の最初の講習などを含めた2か月の間、計5万円しか払わないという企業も聞きました。寮なので住む場所はあるにはありますが、コロナ禍に来日していきなりの生活苦です。かれらもやっぱりベトナム人でしたが、仲間どうしで食費を出しあったりしてなんとか食いつないでいるものの、借金の返済ができずに困っているという話です。逃げ出すのは時間の問題でしょう」

こうして次々と、ベトナム人技能実習生が職場放棄をして消えていく。レジデンストラックは2020年末からの「第3波」を受けて停止となったが、また新しい仕組みができれば制度を悪用するヤカラが出てくるだろう。ベトナム人をはじめとした技能実習生をメシの種にしている人々がもう少し考えを改めないと、この状況は変わらない。

そしてこのコロナ禍で実際に職場から逃げ出し、行き場を失った技能実習生とは、どんな人々なのだろうか。少しでもその素顔に触れたいと思った。そこで僕は、かれらが最後に頼るとも言われる「駆け込み寺」に向かった。

ベトナム人尼僧のもと、逃亡実習生たちと年越しをする

JR児玉駅を降りると、冷たい強風に煽られて息が止まった。寒い。埼玉県北西部に位置する本庄市である。群馬県にもほど近い。南は秩父に至る山岳地帯で、そこから吹き下ろしてい

埼玉県本庄市の大恩寺。市街地から遠く離れた山裾に佇む

るのだろうか、とにかく風がきつかった。

ここから目的の大恩寺までは4キロほどの距離だ。バスがないことはわかっている。だからタクシーをと思ったのだが、人の姿もまばらな駅前の小さなロータリーにそんなものはない。だがよく見てみれば、錆びて朽ちたような「タクシー乗り場」のタテ看板があり、電話番号が書いてある。手袋を脱いで、スマホを操作した。

「すみません、台数が少なくて。たぶん30分以上はかかってしまうと思うんですが……」

電話口からは、タクシー会社の方の申し訳なさそうな声が返ってきた。仕方ない、歩くか。とはいえこの強風の中を4キロだ。しかも僕は手土産として、ベトナム人の愛するインスタント麺「ハオハオ」30個入り1ケースと、大量のホッカイロを持っていた。はじめからクルマで来ればよかったと後悔する。

だが、この道のりはきっとベトナム人の実習生たちもたどったに違いない。ほとんど無一文で児玉駅にたどり着き、大恩寺までは歩くほか選択肢がない実習生たちもいると聞く。南国育ちのかれらは、北関東の寒風に吹かれながら、なにを思ったのだろうか。そんなことを考えながら、僕もハオハオとホッカイロを抱えて歩いた。2020年の大晦日だった。

本堂に並ぶベトナム語の位牌

日本風の仏塔が建ち、鐘堂のある、見た目は日本式のお寺だった。引き戸を開けて中に入ると、さっと30代くらいの男性がやってくる。

「シツレイシマス」

体温計を額に当てられ、消毒薬を手だけでなく全身にシュッシュされる。靴を脱いで本堂に上がると、ご本尊を取り囲むように色とりどりの花や果物が添えられ、赤色に金文字で描かれたベトナム語の掛け軸もあって、なんだか華やかだ。一気に南国らしくなる。

「お茶、どうぞ」

次にやってきたのはハタチくらいの女性だった。本堂の隅に置かれた机に僕を案内し、座布団とお茶を勧めてくる。

「これ、生姜を乾燥させたものです」

お茶菓子まで出てきた。手づくりらしい。

「チーさん、ちょっと忙しい。待ってください」

そう言い残して女性はまた別の来訪者にお茶を出しにいく。ほかにも庭先でなにやら掃除をしている人、消毒薬を手にあちこち清めている人、奥のほうでは食事の準備だろうか、慌ただしく立ち働いている人たちもいる。この誰もが、いわゆる「逃亡実習生」なのだろうか。しかし悲壮感はあまりなく、わいわいと賑やかだ。ほとんどが20代だろう。

そんな様子をお茶を飲みながら眺めていると、ご本尊の並びに置かれた位牌が目に留まった。すべて、日本で命を落とした実習生たちのものだった。ベトナム語で書かれているのは名前と、それから命日だろう。20柱近くが並ぶ。無言の圧があった。

「オマイリ、しますか」

その言葉に振り返ると、ニット帽の男性が線香を手渡してきた。彼のこのお寺での役どころは、参拝者のサポートらしい。たしかに、まずはお参りだよな。僕は線香を受け取ると、ご本尊の前に置かれた香炉に供えて、手をあわせた。なんともいえない気持ちになっていると、

本尊の並びに置かれた位牌。病死，自殺，職場での事故死など，さまざまな理由によって異国で命を落としたベトナム人たちのもの

ニット帽の彼は磬子《けいす》をゴーンと鳴らして、僕とともに手をあわせるのだった。

血が出るほど殴られた

「いまは40人くらいかな。ついこの前、大使館のチャーター便が出ておおぜい帰ったんだけど、またあちこちから集まってきて」

尼僧のティック・タム・チーさん（43）が言う。愛嬌たっぷりの、いかにもお坊さんといった感じの丸顔がなんとも親しみやすい。幼い頃から仏門に入り、日本の大正大学や国際仏教学大学院大学でも仏教を学んだ。在日ベトナム人の仏教徒のために信者会を設立し、２０

ベトナム人たちに母のように慕われているティック・タム・チーさん（中央）

18年に大恩寺を開いたが、次第に口コミで「逃亡実習生」たちが助けを求めてくるようになった。昨年からはコロナ禍のために解雇されたり帰国できない実習生が寺に急増、かれらを保護し面倒を見るチーさんの姿は、これまでたびたびマスコミにも取り上げられてきた。

しかし実習生たちを「かわいそうな弱者」としか扱わない報道が、僕としてはどうにも気になっていた。実習生のほうだってもう少し主張したいことはあるはずだし、技能実習制度はそれほどわかりやすくはないはずだ。

そこでかれらをより知るべく、大晦日から元旦にかけて一緒に過ごし、年越しの様子を取材しようとチーさんに連絡を取って

みたのだが、
「いいよいいよ、どうぞいらっしゃい。布団もあるし、ベトナムのお正月っぽいものもつくるしね」
と、図々しい申し出を快く了承していただけたのだった。そして実際にやってきてみれば、意外にも境内には東南アジアの緩やかさが漂い、実習生はわいわい賑やかに、そしてけっこう楽しそうに過ごしているのであった。チーさんからそれぞれ役目を与えられ、寺を切り盛りし、訪れる客をもてなす。みんな屈託のない笑顔だ。

先ほどから参拝客の世話をしているのはフア・トゥアン・ホアさん（37）だ。僕に線香を手渡してくれたニット帽の彼である。大恩寺には逃亡実習生だけでなく、とくに困窮していないベトナム人の仏教徒や日本人も訪れるので、その消毒や案内などを受け持っている。とりわけ今日は大晦日ということで来訪者が多いようだった。彼の手が空いたところに話しかけてみた。

「日本に来たのは、2017年の6月。稼ぐため、家族のためです」

現地の送り出し機関に登録し、南部メコンデルタのカントー市から、千葉県の野田市へ。建設会社だった。30人ほどの社員の中で、ベトナム人実習生が3人。かれらは常にきつい現場に回され、ちょっとしたミスで怒鳴られ、日常的に暴力を振るわれていたという。ユンボを使えばすぐ済む土砂運びの作業も、

寺で年越しする僕の面倒を見てくれたフア・トゥアン・ホアさんも，やはり逃亡実習生

「ベトナム人だけでネコ（手押し車）で運べと言われて、遅いと殴られる。友達は血が出るほど殴られました」

給料は日当８５００円。残業代はいっさい出なかった。毎月の稼ぎから、寮費、光熱費、税金といった名目でおよそ９万円が引かれ、手元に残るのは10万円ほど。そこから食費や日々の雑費を捻出し、ベトナム側の送り出し機関に支払った約90万円ほどの借金を返すのだ。

「でも、お金はなんとか大丈夫。それよりも、こっち」

殴られる仕草を見せて、顔をしかめる。

薄給よりも、暴力と暴言に耐えられなかった。仲間たちと逃げ出したのは２０１８年の11月だ。なにも言い残さずに寮を出たが、職場からも組合からも、送り出し機関からもなんの連絡もないという。

それからは工事現場、工場、さらには除雪など、モグリで雇ってくれる仕事を転々。友達の家に居候しながら借金を返し続けたが、そこにコロナ禍が直撃した。不正規で働ける仕事は減り、いよいよお金も尽きて、大恩寺に転がりこんだ。いまはベトナムに帰るため、チャーター便の空きを待っている。

「借金、まだ15万円残ってる」

と苦笑いするホアさんはきっと、日本人である僕に対しては含むところもあっただろう。それでも、僕が大恩寺で1泊を過ごすのだと言うと「お茶のおかわりいるか」「寒くないか」「スマホのバッテリー大丈夫か」なんて、ことあるごとに話しかけてくれるのだ。それが彼に与えられた寺での仕事だからなのかもしれないが、人懐こい笑顔でなにかと世話を焼いてくれる。それはほかの逃亡実習生たちも同じで、ベトナム人の中にひとり紛れこんだ僕をやたらに気にかけてくれる。暮れの身を切るような寒さの中、その優しさがなんだか染みた。

かれらの「たくましさ」は日本人にどう映るのか

「日本人ひとりで、寂しくないですか」

と声をかけてくれたのは、ファム・スアン・トァイさん（25）だ。北部ハイズオン市から、2018年に来日した。ちょっとコワモテな風貌である。日本で言うなら地方のヤンキーといったところだろうか。ベトナム人実習生にはけっこう見るタイプではある。日本語はあまり話せない。身体を使う現場作業だけを黙々と続けてきたので、言葉を覚える余裕も、それに理由もあまりなかったのだ。

だからトァイさんとの話は日本語堪能なベトナム人女性が同席してくれたのだが、その通訳するところによれば、

「ベトナムで聞いていたこととぜんぜん違った」

のだという。手取り23万円という話だったのに、来日して鉄筋工の仕事を始めてから、10万円に満たないことを知った。寮費や税金などについて、しっかり説明されていないのだ。そこから、来日前に負った100万円近い借金を返さなくてはならない。手取りおよそ10万円のうち、なんと7万円をベトナムに送金し、残った3万円でやりくりした。

住まわされたのは社長の家の一室だった。外国人実習生はトァイさんひとりきり。さみしかった。現場ではこれまた定番の怒号とパワハラが毎日のように続き、社長はことあるごとに

「ベトナムに帰しちまうぞ」と脅してきた。

「知りあいのベトナム人実習生からは、うちの職場は優しい日本人ばかりだとか、働きやす

い現場だよなんて聞いてたので、なんで自分ばかりがと思った」

借金はまだ20万円ほど残っていたが、2019年7月に職場放棄。あれほど「ベトナムに帰すぞ」と怒鳴りつけてきた社長は、トァイさんが実際に逃亡すると電話で「とりあえず戻ってきなさい」となだめてきたが、それには応えていない。

そこからトァイさんは、ホアさん同様にベトナム人のしぶとさを見せる。

北関東のベトナム人の友人たちの家を泊まり歩き、ほとんど流浪生活を送りつつ、逃亡実習生でも雇ってくれるラーメン屋で働き、残った20万円の借金を完済。いまはベトナム人留学生の家に転がりこんでいる。言葉もあまり話せないのに、異国でお金を稼ぎ、サバイブしているのである。

「このお寺はその留学生に聞いたんだ。ときどきここに来て、何日か過ごして、また誰かの家に行ったり。同じようなベトナム人がいるから楽しぃよ」

なんてあっけらかんと言う。「技能実習」という在留資格をハミ出た行為をしているわけだが、法を犯している後ろめたさはあまりないのか、

「もう少し日本で稼いで、家族に送金したい。母ちゃんは帰ってこいってうるさいけど」

なんて笑う。なかなか気ままな生活でもあるようだ。大恩寺には「帰国待ち」だけでなく、友達に会ったり寂しさを埋めるためにときおりふらりと訪れるベトナム人もいる。トァイさん

もそのひとりだ。

彼のような「逃亡実習生」と話して感じるのは、生き抜くエネルギー、心身のタフさだ。逃亡の理由は低賃金と人権を無視した労働環境のわけだが、でも日本人だったら、そこで「ここから逃げて、自活してやろう」という発想にはなかなか至らないのではないだろうか。僕ならきっと「でも、実習先以外の場所で働いたら違法になるよな」「送り出し機関も組合も、なんて言うだろう」なんて考えて、奴隷のような立場に甘んずるようにも思う。

しかしベトナム人は違う。僕も長年ずっと東南アジアで暮らしていたのでなんとなくわかるが、かれらにはルールや枠組みをあまり重視しないタイプがけっこういる。まずルールを決めて、その中でどう動くかを考えるのが日本人だが、東南アジアの人々はもう少し動く範囲が広い。それに行動を縛る規範は、法律よりも家族の縁や、ホトケの教えだ。

だから、法の枠を超えて、逃亡者になることをあまり厭わない人も出てくる。それほど悪気はないし、生きる選択肢のひとつなのだ。しかし多くの日本人は、そこに違和感を覚える。不快感と言ってもいいかもしれない。日本人にとってまず優先すべきはルールだからだ。東南アジアの空気を知っている僕からすると、「逃亡実習生が野鳥を捕まえて食べちゃった」なんてニュースにはたくましさと、どこか痛快さを感じてしまうのだが、外国人になじみのない日本人にとってはそんなのんき気なものではないのだろうと思う。逃亡したベトナム人実習生たちによる犯罪に対する日本人の視線にこめられているのは、警戒心と、同情まじりの不快感なのかもしれない。

大恩寺には監理団体のベトナム人もやってくる

トァイさんの通訳をしてくれた女性ファン・ティ・ミーさん（34）は、東北地方のとある組合、つまり監理団体に勤務している。実習生たちが働く会社をいくつも受け持ち、監理する立場だ。かれらから仕事や生活の相談を聞いて、会社側との間を取り持ち、問題があれば調整していく。だから日本語は達者だ。監理団体には彼女のような外国人のスタッフが欠かせない。

「休みのたびに大恩寺に遊びに来るんです。チーさんに会いに。あと、お寺の仕事いろいろ手伝いたいからね。お正月はどうしてもここで過ごしたかった」

と言う。僧服を着ているのでお寺の関係者かと思ったのだが、ボランティアらしい。

「似あう？」

なんて僧服でくるりと回ってみせる。その格好で僕のような日本人の通訳をしたり、ほかの女の子たちとベトナムのお菓子づくりをしてみたり、かと思ったらチーさんの説話に耳を傾けたりと、大恩寺で過ごす時間を大切にしている様子が窺える。

大恩寺に住みこむベトナム人たちは，掃除や炊飯，接客などを分担して行う

「ベトナムにいるときは、日系のメーカーで働いていたんです。そこから送り出し機関に転職して、実習生の候補者に日本語を教えていました」

そして送り出し機関からの駐在員という形で日本にやってきて、提携先の監理団体の中で働いているという。

「うちは60社くらいが入ってるかな。建設とか、機械加工、包装なんかの会社。あと農業や漁業。リンゴとか牡蠣をつくるの」

そんな会社で働く実習生と月に一度は必ず面談を持ち、待遇や暮らしに問題はないか聞き取る。実習生の相談相手というわけだ。改善すべき点があれば、会社側に伝えて交渉もするが、

「私のとこはルールを守ってる会社がほとんどですね。実習生からもそんな大きな相談はないし、コロナの影響もいまのところあまりないです」

しかしほかの監理団体のベトナム人スタッフには、「なあんにもしない人もいるんだよね」とため息をつく。実習生たちから不当な低賃金や暴力などを訴えられても、面倒だからとあまり取りあわない。企業に改善を要請するわけでもない。同国人の権利を守るという名目で働いている駐在員が、ろくに役目を果たしていないことがある。これもまた、逃亡者の増加につながっているとミーさんは言う。ベトナム人の同業者が、同じベトナム人実習生の苦境を見て見ぬふりをしている。そこに憤りを感じているようだった。

大恩寺にはミーさんのように監理団体で働くベトナム人もけっこう出入りしていた。そしてここでは仕事の話は抜きにして、逃亡実習生たちとともに掃除や洗濯や炊事や勤行や、それにおしゃべりをして、いっときを楽しむ。

「あまり事情は聞かないの。いろいろたいへんなの知ってるから。お寺でみんな一緒にいるときは、いやなこと考えたくないでしょう」

ほかにも大恩寺には、留学生や、実習生ではなく一般の社会人として日本企業で働いているベトナム人も次々にやってくる。誰かのクルマに乗りあわせて、トランクにはたくさんの救援物資を詰めこんで訪れるのだ。

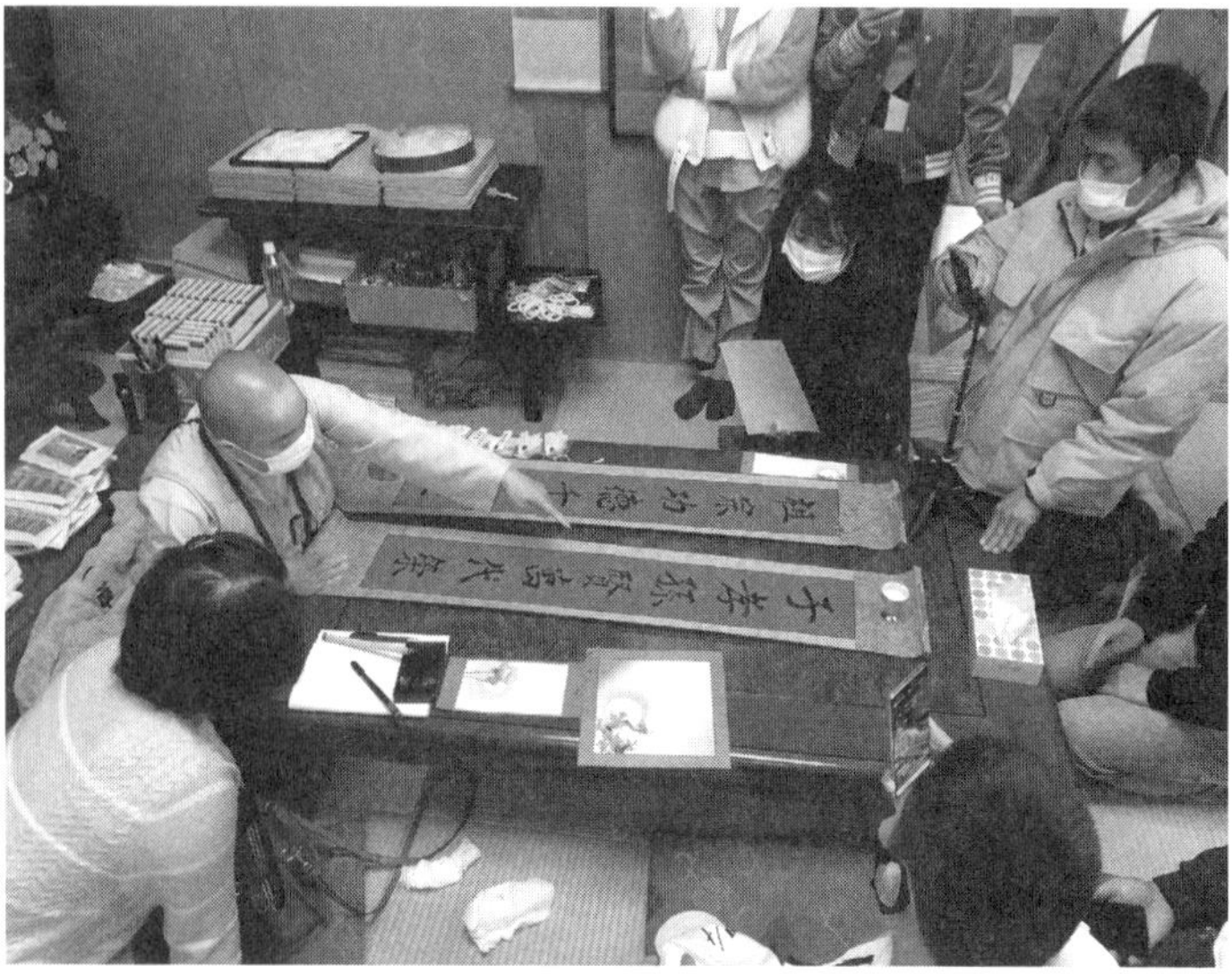

チーさんによる揮毫のときはみんなが集まってきて盛り上がる

日本人も多い。やはり支援のために食料を運んでくる人、さまざまなNPO、実習生を受け入れできないかという企業……。実習生を奴隷扱いする日本人がいる一方で、困っているならなにか手伝おうよという日本人も、やっぱり多いのだ。

そんな人々の応対で、チーさんはもう大わらわなのである。まさに駆けずり回るという感じで境内を行ったり来たりして来客と話し、実習生やボランティアに指示を飛ばし、その合間に座卓に座りこむと、おもむろに墨をすって筆をとり、揮毫《きごう》を始めたのである。

「ムロハシさん、なんか好きな言葉ある？」

「えっ！」

唐突に聞かれて困った。悩んでいると、

「じゃ、これね」

と、それはもう見事な手さばきで、正月らしくめでたい感じの赤と黄色に彩られた色紙に〝平安〟と書いてくれたのだ。恐ろしく達筆なのである。じいっと見守っていたベトナム人たちから、わあっと歓声が上がる。そして、我も我もと行列をつくる。こうしてチーさんに揮毫してもらい、その間になんやかやと会話を交わす。ついでにチーさんと写真を撮って、Ｆａｃｅｂｏｏｋにアップする。それが大恩寺の年末年始では欠かせない、大事なイベントであるようだった。その相手は実習生だったり、留学生やベトナムレストランの料理人や監理団体や主婦や、それに日本人もいてさまざまだが、チーさんはひとりひとりていねいにまんまるの笑顔で応じ、親身に話を聞いている。本当に仏さまのような人なのかもしれない、と思った。

実習生たち手づくりの晩ごはん

「ごはんです、みんなで食べましょう」

ホアさんに呼ばれて、本堂の下に建てられている倉庫というかガレージのような広い場所に行ってみれば、すでに大鍋や大皿に何品かの料理が並べられていた。給食かビュッフェのよう

ベトナム風のさつまいもスナックをつくっている寺のボランティアスタッフ

だ。

この日のメニューは野菜サラダ、小松菜とニンニクの炒め物、ベトナム風の揚げ春巻き、ベトナム風のスープと、なかなか豊富だ。

「みんなショージンリョーリです」

お寺なので、肉を使っていないのだ。大晦日だから特別な料理が出るわけでもないようだが、どれも実習生やボランティアたちの手づくりで、なかなかにおいしい。しかし、40人以上の人間が食べていくのはやはりたいへんだ。逃亡実習生には無一文の人も多いため、かれらに対して駆け込み寺は無償で運営され続けている。日本人、ベトナム人の支援者やボランティアが支えてはいるが、金銭的な負担は大きくなるばかりだ。それでも食後チーさんは笑顔でみんなに訓辞を垂れる。

「今夜から三が日にかけて、参拝のお客さまがたくさん来ます。食事や接客、クルマの誘導、掃除や本堂の案内など、各班に分かれて各リーダーのもとで働いてください」

こうしてひとりひとりに役割を与えるというのが、たぶん大事なのだろう。なんだかチーさんは先生で、ここは学校のようでもあると思った。

実習生たちと焚火を囲む大晦日

食後、ホアさんたち何人かが、お寺に隣接した広場のような場所に集まっていた。山の斜面を切り開いたらしい。焚火が熾され、ドラム缶がくべられている。ありがたい。僕も焚火に当たって、身体を温めた。大恩寺は山の中腹にあるようで、遠くに児玉の街の光がよく見えた。なかなか良い夜景だ。

「これ、なにしてるの?」

ドラム缶が気になって聞いてみた。

「ベトナムのお菓子、バインチュンって言います」

ドラム缶のフタを開けて見せてくれた。大きな葉っぱに包まれた緑色のモチのようなものが幾重にも重ねられ、蒸されている。ベトナム風のちまきだという。

「新しい年、お祝い」

縁起物なのだろう。火に当たりに来た別の実習生たちも加わり、

「葉っぱはベトナムから送ってもらった」「できるまで10時間かかる」なんて、カタコトの日本語で教えてくれる。それにここはタバコが許されたエリアでもあるようで、仕事の手を休めて、というかサボって、一服しに来る連中もいる。

かれらと一緒に焚火を囲んでいると、ホアさんがぽつぽつと語り出した。

「ベトナムでは、学校の教師でした。10年生から12年生まで（日本の高校に相当）に英語を教えていました。でも両親と、弟と妹、家族の生活を考えて、もっと稼げる仕事に就きたいと思って」

元教師という経歴の実習生は珍しいかもしれない。それが不慣れな異国で、不慣れな肉体労働に従事し、しばらくがんばったが逃げ出してしまった。手持ちの現金はほとんどない。スマホを持ってはいるが、通信費は払えず、お寺のＷｉ－Ｆｉに頼っている。家族には苦境を伝えていない。元気でやってるとだけ、Ｆａｃｅｂｏｏｋ越しに話している。

そんな話を聞いていたほかの実習生たちも、身の上を語り始めた。僕にもわかるよう、拙いながらも日本語を使ってくれる。男性はほとんどが建設業界で働いていた人たちだった。逃亡

理由はみんな「暴力」だ。

「ゲンバ、コワイネ〜」

「よく言われた、『オイ、ガイジン！　ハヤクシロ！』って」

その言葉にみんな思い当たるのか、けらけらと笑うのだが、僕としてはなかなかに肩身が狭い。

女性は農業や工場が多かった。セクハラに悩み、逃げ出した人が何人もいた。首都圏で働いていた人が中心だが、中には「鹿児島から逃げてきた」という女性もいた。

いたたまれず、つい口に出た。

「みんな、日本がいやになったでしょ。日本人のこと大嫌いだよね」

すると、「そんなことない」「楽しいこともあった。良い日本人もたくさんいた」「良い人もいる、悪い人もいる。それは日本もベトナムも同じ」

気を遣ってくれているのかもしれないが、口々に反論するのだ。

「ボクなんか、ベトナム人にだまされた」

と恥ずかしそうに笑うのはディン・バン・ナムさん（31）だ。やはり技能実習生で、滋賀県のゴルフ場で働いていたという。芝刈りやバンカーの整備などに追われる日々だったが、日本人社員は優しい人が多く、楽しかったそうだ。近くにビニールハウスを借り、菜園をつくるなどして生活費を節約し、毎月10万円を家族に送金。無事に借金も返し、まとまったお金をつくり、3年間の実習期間を終えて帰国しようとしたところ、コロナ禍に見舞われた。

入国制限と飛行機の全面運休で、足止めをくらったのだ。頼りは大使館がときおり飛ばすチャーター便だけ。そこに大量の帰国希望者が殺到し、順番を待っているベトナム人はいまも（2020年末時点）2万人はいると言われるが、困ったナムさんはネットであれこれ調べていたところ、ベトナムのとある旅行会社のサイトを見つけた。

「ベトナム航空が臨時便を出すから、チケットを販売するって。これで帰れると思って、急いで買ったんです。17万円もしました」

荷物をまとめ、住み慣れた滋賀をあとにして夜行バスで東京へ。そして成田空港に行き、予約完了画面を見せてみると、係員に告げられた。

「そんなフライトはありません」

「だまされちゃった」と笑うナムさんの頭を、別の女子が「ばかー」と日本語で言ってぽかんとひっぱたく。有り金はたいたチケットがニセモノとわかったナムさんは、成田からそのまま大恩寺に駆け込んだ。いまは正規のチャーター便を待っている。

「家族にはとてもいえない。秘密ですね」

同じようなサギが、全世界で横行しているらしい。国外で働いているベトナム人を狙ったものだ。出稼ぎ国家らしいコロナ犯罪ではある。

「帰ったら……そうですね。まだ考えてないけど、親は早く結婚してくれって言うから、家族をつくりたいですね。もう30過ぎだしね。それから、もし機会があれば、また日本で働きたいですよ。今度は実習生じゃなくて、ふつうに就職したい。ところで、あなたは子供何人ですか。何歳のときに結婚しましたか？」

いきなりの逆取材に言葉が詰まる。

「い、いや、僕は独身で……」

「どうしてですか」「いま何歳ですか」「親はなんて言っていますか」

みんなして口々に聞いてくるのだ。僕のようにいい年こいて結婚もせず独り身の人間がこの国にはやたらと多いことが不思議であるようだった。

「家族をつくるのは、いちばん大事なことです」

やっぱりコワモテでヤンキー的空気をまとったナムさんに、真顔でそう説諭されてしまう。カタコトの日本語が飛び交う。「ベトナムではそういう人はあまりいません」「さみしくないですか」「お金がない？　お金は関係ありません」。農業の現場から逃げてきたという女性には「46歳⁉　うーん、難しいですね。結婚はもうできません」と断言され、少なからずショックを受けてしまう。

そんなことをわいわい話していると、お寺のほうからひとりの女性がツカツカと早足でやってきて、みんなを叱り飛ばす。ベトナム語でなにやらてきぱきと指示をすると、台所のほうへと戻っていった。

「ちゃんと働け、やることやったのかって言われた」

ホアさんたち男子は、女子に怒られてちょっと嬉しそうだ。このあたりもどこか学校のようだ。大恩寺には修学旅行のような、合宿のような空気も流れているのだった。

実習生たちと布団を並べて2020年が暮れていく

午後11時過ぎから、年越しの勤行が始まった。本堂にはホアさんたち困窮者のほか、関東各地から一般のベトナム人も集まってくる。熱心な仏教徒が多いのだ。簡素な僧服をまとい、チーさんの読経にあわせて、祈りを捧げる。その間、係の実習生がひっきりなしに消毒薬をまき、扉や窓を開けて換気をする。北関東の寒風がコロナを吹き飛ばしてくれるだろうか。

ホアさんを見ると、目を閉じて一心不乱に経を唱えていた。

「ここに来るまで、仏教に興味はなかった」

と言っていたのだが、しばらくお寺で共同生活をするうちに気持ちも変わったのだという。

年越し勤行のあとにチーさんから祈祷をしたお守りが配られた

そんなホアさんたち実習生の祈りの声に、コロナに翻弄されるばかりだった年が送られ、大恩寺にも2021年が訪れた。

とはいえ新年らしいことはとくになく、勤行のあとにみんなでお茶を飲むくらい。手づくりだというベトナムのお菓子をつまむ。刻んだ生姜を乾燥させて砂糖をまぶしたもので、お寺に来たときに出されたものと一緒だ。それもすぐにお開きとなって、三々五々それぞれの寝どこに行く。本堂と、夕食をとったガレージに分かれてザコ寝するようだ。お寺に来たばかりの人は当面の間、ガレージ内に設置されたテントで寝起きすることになっている。感染予防の隔離の代わりだ。女性は個室に集まる。

本堂の天井の上が倉庫となっていて、実

習生たちはそこから布団や毛布を引っ張り出し、畳の上に手際よく敷いていく。僕にはスマホの充電に便利なコンセントそばの特等席の布団があてがわれた。なにからなにまで世話になりっぱなしなのだ。こうして逃亡実習生たちと布団を並べ、ぐっすりと眠った。

「チャンスがあったら、また日本に来たい」

翌朝7時。鐘の音で目が覚めると、となりのホアさんはすでに仲間たちを蹴飛ばして起こしている最中だった。掃除当番がもう窓ガラスを拭き、畳を掃き始めている。

「朝ごはん食べよう」

ホアさんが台所に案内してくれた。朝食はそれぞれ自分でつくるようで、実習生たちが入れ代わり立ち代わり、なにやら調理をしている。ホアさんも棚からハオハオをふたつ取り出した。僕のぶんもつくってくれるようだ。

「ハオハオ、ベトナム人みんな好き」

やはり土産に持ってきて正解だったようだ。ホッカイロは女子に重宝されていて嬉しい。ホアさんはくわえタバコで鍋に水を入れて沸騰させ、乾麺をぶちこむ。調味料の小袋も開けて、さらに卵も投入。男の手料理だ。あっという間に完成したベトナム式の朝飯を、ふたりしてか

新年は参拝客がたくさん訪れて忙しい

きこんだ。これが2021年の初めての食事である。

「今日たくさんお客さん来る。忙しいね」

その言葉どおり、元旦の大恩寺には朝からベトナム人の参拝客が次々にやってきた。年初にあたってチーさんの説法を聞き、揮毫をしてもらい、お札をいただきに来たのだ。密にならないようにと制限をしながらも、着飾った来客たちが正月らしい華やぎをつくり出す。ホアさんは今日も引き続き「参拝者応対係」のようで、消毒やご本尊への案内に立ち働いている。

慌ただしく過ぎていく元旦の昼食は、ホアさんたちが火の番をしていたバインチュンだ。中に豆などが入っていて、なかなかおいしい。それに、具のたっぷり詰まった饅頭なども出てきた。本来はベトナムの旧正月に食べるものらしい。作業の手を休めて、同じ境遇の仲間たちと新年を祝って食べる。

「いろんなこと、忘れるよね」

ホアさんがぽつりと言う。いつまでこの生活が続くのか、見通しは立たない。それでも年末年始くらいは、みんなでわいわいと正月らしいものを食べることで、いくらか気持ちも和んだようだ。

帰国できたら、どうするのか聞いてみた。

「なにか英語に関わる仕事ができたらと思っています。その前に、両親が結婚しろってうるさい」

と笑ったあと、

「でもチャンスがあったら、また日本に来たい」

そう言うのだった。

名古屋にもあるベトナム人の駆け込み寺

行き場を失ったベトナム人技能実習生が頼る「駆け込み寺」は、愛知県にもある。名古屋市の天白区《てんぱく》、相生山《あいおいやま》に建つ徳林寺だ。大恩寺と同じように、帰国便が出る日を待つベトナム人が集団生活を送っている。その多くが技能実習生だ。

大恩寺で「ハオハオ」のウケが良かったことに気を良くした僕は、今回もひと箱持っていこうと思っていた。拠点を置いている栄《さかえ》の格安ビジネスホテルから歩いて10分ほど、大須の商店街ならエスニック系の食材店があるかもしれない。取材の合間にぶらぶらしたときにアジアや中南米のレストランをちらほらと見かけたし、留学生か実習生か、ベトナム人たちともすれ違ったことを思い出したのだ。

アーケードに覆われた賑やかな商店街を歩いてみると、さっそくベトナムの下町の食堂みたいな店があった。軒先に折りたたみ式のシルバーのテーブルと、プラ製の低い椅子が並び、ベトナム人の女の子たちがフォーをすすっている。一瞬ホーチミンかどこかにワープしたような気がしたが、とりあえず入店してみる。ウリらしい牛肉のフォーをいただくと、濃厚ながらも優しい牛骨スープでなかなかにいける。

そばのテーブルでは、ニッカポッカと言うのだろうか、だぼだぼのズボンを履いて作業服を着込んだベトナム人のアニキたちがワシワシとフォーをかきこんでいた。実習生だろう。やはり名古屋は労働者としての外国人との距離が近いな、と感じる。東京でも技能実習生が働く現場は下町の町工場や市場などがあるが、そう多くはない。僕の住んでいる新宿・新大久保にもベトナム料理店はいくつもあるが、そこにいるのは小ぎれいな留学生ばかりだ。さまざまに報道されるベトナム人実習生のことは、都内にいてはなかなかわからないと実感する。

それはともかく店員のベトナム人に「ハオハオ」を売っている店を訊ねると、親切に教えてくれた。案の定すぐ近くにハラルショップがあって、そこでベトナム食材も扱っていたのだ。ほかにも大須商店街の中では中華やネパールの食材店もあって、この手の移民の店だけ探し歩いても楽しい。

助けるほうと、助けられるほうをつくっちゃいけない

「ハオハオ」を持って地下鉄桜通線の相生山駅で降りた。交通量の多い東海通から北に入っていくと、いきなりけっこうな山道になるから驚いた。なだらかな上り坂の左右は雑木林で、緑の匂いが濃い。これが相生山らしい。やがて立派な寺院が見えてくる。風にはためいているのは、タルチョだった。チベット仏教の経文が書かれた五色の祈祷旗だ。チベットのほか、チベット人が多く暮らすネパールやインドでよく見たことを思い出す。この徳林寺に、たくさんのベトナム人実習生が逃げこみ、帰国を待っているのだ。

本堂の裏手にお邪魔すると、すぐに住職の高岡秀暢さん(77)が出迎えてくれた。

明治時代に開かれたという徳林寺（名古屋市）

「ちょうど1年だね。2020年の4月15日に始めたから」

感慨深げに言う。ベトナム人を受け入れるようになって、1年が経つのだという。やはり4月か、と思った。愛知県のさまざまな外国人コミュニティで話を聞いてきたが、「2020年の4月」に解雇されたという人々が目立つのだ。

東海地方で働くベトナム人の技能実習生たちの中にも仕事を失う人々が増え、かれらからの相談が在東海ベトナム人協会に寄せられるようになる。同協会の副会長ユン・テイ・トゥン・ユンさんが高岡住職に相談をし、また名古屋のベトナム総領事館からの働きかけもあり、徳林寺はベトナム人の受け入れを決めた。

高岡秀暢さん（左）とユン・テイ・トゥン・ユンさん（右）

「いちばん多いときで51人が暮らしていましたね。8月くらいから帰国できる人が少しずつ増えてきて、9月にはいったん2名だけになったんです。でもそれからまた増えたり減ったりを繰り返して、いまは16人」

そのほぼすべてが若い技能実習生だ。かれらは帰国を待つまでの間、寺の裏手にある簡素なゲストハウスのような建物で寝起きし、早朝6時には本堂に集まって座禅を組む。高岡住職とともにお経を読み、朝課に参加するのだ。

「それからは自由に過ごしてるけど、境内の草むしりしてくれたり、寺までの道を手入れしてくれたりね。7、8年前につくった温室もずいぶんきれいにしてくれた。

まあ、あまり働かん子もいるけど、そこは比較はせずね（笑）。食事はみんなで手分けしてつくってますよ」

ただし感染防止のため、山から下りてはならない。帰国の日まで寺の敷地内で過ごすことが求められる。それにここは仏教寺院なので、酒や肉類は禁止だ。これは大恩寺と共通している。

ちなみに高岡住職は大恩寺のチーさんとも親交がある。チーさんが徳林寺にやってきたこともあるそうだ。僕が大恩寺のほうも取材したのだと伝えると、

「彼女、大丈夫かなあ。走りすぎちゃう人だからね」

と働きすぎ、がんばりすぎのチーさんを気遣う。とはいえ、矍鑠《かくしゃく》としておられるが失礼ながら高岡さんもご高齢なのだ。若い実習生たちの面倒を見るのはずいぶんたいへんなようにも思うけれど、

「いろんなボランティアの人が来てくれるからね。買い物や、事務的なことを手伝ってくれる人も来る。ユンさんもアイデア出して、みんなが元気になれるように運動会を企画してみたり、誰かが帰国するときはお別れ会を開いたりね」

それに自治体からの協力もあれば、日本人だけでなくベトナム人も、野菜やらお金を持って支援にやってくるという。

しかしやっぱりご苦労はあるようで、お金がなく帰国便のチケットが買えない人に飛行機代

を出したり、実習生のひとりが腎臓結石になってしまったが保険がないと言われて困ったりと、1年間いろいろなことがあったそうだ。結石のときは実費で手術するお金がなく、薬で痛みを散らして帰国までもたせたのだという。

「それでも、去年よりはずいぶん落ち着きました。寄付もいただけているし、なんとなくでやってますよ」

と柔らかに笑う。困窮者を支援するという気負いはあまり見えず、とにかく愉快そうなのである。

「そりゃ楽しくやってますよ。こういうの、マジメくさってね、助けるほうと助けられるほうをつくっちゃうと、良くないんですよ。かれらだって支援を受けるばかりじゃなくてなにか貢献をしたいと思っている。昔は雑草ばかりだった庭をきれいにしてくれたしね。あの人たちが来てからこっちも楽しくなったんだよ」

ベトナム人僧侶は実習生たちのアニキ

そもそも、なぜ数ある寺院の中から徳林寺が「駆け込み寺」として指名を受けたのか。それは高岡住職が30年以上も外国人の留学生や難民を受け入れてきたからだ。その原点はネパールにあるのだという。

「25、6歳の頃だったかなあ。このまま日本にいても人生が開けないなと」

そう思って、アジアをさまよう旅に出た。とりわけ心に残ったネパールで、結局10年ほど暮らすことになる。仏教を芯に寄り添い生きる人々の姿が心に残った。

帰国後は父の跡を継いで住職となり、それからはネパール人をはじめとして外国人の難民も留学生も、それに日本人の生活困窮者も、誰であれ受け入れてきた。寺にタルチョが飾られているのもそういうわけなのだ。日本の文化や仏教に興味を持つ外国人がやってくることもある。だからゲストハウスのような宿舎も併設されているのだ。

そして20年ほど前からは、仏教を学ぶ外国人留学生も徳林寺で暮らすようになる。その中に、ユンさんもいた。その後、ユンさんは日本人と結婚し日本に定住して、いまでは在東海ベトナム人協会の重鎮となっているのだが、そんな縁から今回の「駆け込み寺」の話が持ち上がったのだ。

そしていまも徳林寺には、ひとりのベトナム人仏教留学生が生活をしている。僧名では聖縁さん（34）という。いかにもお坊さんといったユーモアある丸顔がなんとも印象的だ。南部のニャチャン出身で来日6年目、日本が長くなってきた外国人の多くが悩むように「花粉症がきついです」と苦笑いする。修士課程を終えて、大学院で学びながらここで暮らしているそうだ。

日本語も実習生たちよりだいぶ達者なので、彼がここではリーダー的な役割を担っている。

「まさか自分が日本で、同じベトナム人の世話をするとは思ってもいませんでした」

と言うが、まんざらでもなさそうだ。20代が主力の実習生たちにとっては、頼れる兄のような存在なのだろうと思う。

「日本はもう、来たくないですね」

聖縁さんは実習生たちと一緒に、寺の敷地で畑をつくっている。空心菜やパクチー、バジル、レモングラスなど、ベトナム料理によく使う野菜やハーブを育てているのだ。少しでも食費を抑えようという工夫でもあるし、帰国便を待つだけの日々を過ごしている実習生たちに、なにかしらの役割を与えようということでもあるのだろう。やはり大恩寺と同じ発想なのだ。「小人閑居して不善を為す」という言葉は万国共通か、過度なヒマはあまり良くないのである。


この畑の面倒をよく見ているのが、ヴォン・ダック・カインさん（31）だ。小雨の降る中、聖縁さんと畝の合間を歩いて、成長具合を見て回る。

「種はネットで買います。畑は好きなので、やってます。楽しい」

来日5年にしてはちょっとたどたどしいかな、という日本語で、途切れ途切れに話す。ハノ

カインさん（左）と一緒に畑を見回る聖縁さん（右）

イ近郊から技能実習生としてまずやってきたのは、栃木県の宇都宮だった。水道関連の設備の仕事だ。ベトナム人４人でアパートに同居しながら働いた。給料は手取りで13万円ほどだが、そのうち10万円は家族に送っていたという。

「そんなに⁉」

思わず驚いてしまったのだが、

「日本人、お金自分のために使う。ベトナム人、お金家族のために使う。考え、違う」

とカインさんは言う。送り出し機関に支払ったのは日本円で１２０万円だというから、かなりキツイ業者に当たってしまったようだが、その借金も完済している。よくありがちな職場での暴力やパワハラもなかったそうだ。

「殴る、なかった。大丈夫。でもケンセツ、殴るよく聞く。コウジョウ殴るそんなにない。セツビもそんなにない」

カインさんはベトナムで結婚しているが、奥さんもやはり技能実習生だ。福岡の弁当工場で働いているのだという。しかし休暇があわず、夫婦が日本で会ったことはほとんどない。子供はベトナムの母親が見ている。そこまでして海外出稼ぎを選ぶベトナム人のバイタリティの根源とは何なのだろうといつも思う。

やがてカインさんは、実習中に同じ会社の中で栃木から愛知に転勤となって、職場が変わった。とはいえ地域の変化を楽しむような気持ちも出てこなかったようだ。

「毎日、仕事しかないじゃん。それから家帰って、ゴハンつくって、風呂入って、9時10時じゃん。疲れるじゃん。寝るしかないじゃん。日本語、勉強する時間ないじゃん。土日、買い物行って終わるし、どこにも行けないじゃん」

まくしたてるように言った。外国人の中にも日本人の言葉遣いがうつって「じゃん」を多用する人が多いよな、と思いながら聞いていたが、カインさんの口調はどこか投げやりで、まとう空気が荒っぽい。ベトナム人実習生にはけっこう、故郷でやんちゃしていたような人もいるのだが、そんなタイプなのか、あるいは日本の業界で働くうちに身についたものなのか。

ともかく、ひたすらに働くだけであまり思い出もなかった日本から、もう少しで帰国というときに、コロナ禍に見舞われた。3年プラス延長して2年、5年間の技能実習期間の満了を直前にして、会社は仕事がなくなり、カインさんは職場も住む場所も失った。帰国しようにも飛行機は大幅な減便で、わずかなフライトには日本全国各地に住む似たような境遇のベトナム人が殺到し、なかなか予約が入らない。稼ぎの大半を家族に送金しているのだから貯金は乏しく、すぐに生活に困るようになる。そんなときFacebookで徳林寺の存在を知り、相生山にたどり着いたというわけだ。

それからおよそ1か月、お寺では畑仕事をしながら過ごしているが、そろそろ帰れるかもしれないのだという。聖縁さんが横から補足する。

「大使館のレスキューフライトに、いまお寺にいるみんなが乗れるかもしれないんです」

ベトナム航空の日本路線が全面運休するなど、商用便での行き来が厳しくなっていたこのとき、帰国を希望するベトナム人たちが縋《すが》ったのが「大使館便」だった。ベトナム大使館が不定期にチャーター便を飛ばしていたのだ。これはベトナム大使館のウェブサイトから申しこむ必要があるのだが、登録してもいつ自分の番が回ってくるのかはわからない。緊急度や困窮具合なども考慮されるようだが、取材時に徳林寺に滞在していた16人もそろそろなのではという話が流れていたのだ。

ちなみに大使館のチャーター便といっても有料で、しかもプランは8万円と20万円の2種類あるのだとか。これは現地到着後の隔離環境の違いだ。安いほうは軍の施設、高いほうはホテル生活。もちろん大半は低額プランを選ぶので待つ日数も長くなるが、ホテルに泊まる余裕のある人は比較的早めに帰れるようだ。ベトナムは自国民に対してもなかなかシビアなのであった。なお到着後隔離は14日間だが、2021年5月からは21日間に変更された。そんな条件の中、帰国を前にしたカインさんに聞いてみた。

「日本での5年間、どうだった?」

「……たいへんもあるし、楽しいもあるし……」

それだけ言うと、言葉が止まった。聖縁さんは通訳の助け舟を出すことなく、見守っている。

「日本人の友達、ないですし。時間だけ経っていくし。自分も年を取ったですし。日本はもう、来たくないですね」

技能実習制度が失敗した理由

犬山市にある電気部品の組み立て工場で働いていたのはグエン・ダン・チンさん(33)だ。日本語はカインさんよりもさらに話せないので、やはり聖縁さんが立ち会ってくれる。カインさんと同様にヤンキー的な風貌で、ついつい眼光にびびってしまう。

チンさんの勤め先の工場はかなりの規模だったようで、技能実習生のベトナム人は12人。給料は手取りで13万円と安いけれど、チンさんの場合は送り出し機関に負った借金が60万円といくらか軽かったこともあり、「出稼ぎ」という目的はそれなりに果たせたようだ。

「日本に来るまでにかかるお金、ハノイとか北は高い。ワタシの家はホーチミンのそばで、南。南は安い」

のだと言う。職場ではとくにひどい扱いを受けていたわけでもない。あえていえば「重いもの運ぶときとか、ガイジンだけがやらされることはたまにあったかなあ」と、あまり気にしている感じもない。チンさんのように、とくにトラブルもなく過ごす実習生だって多いのだ。なので3年間の実習期間を終えたあと、さらに2年間の延長をチンさんは考えた。

ところが、コロナである。3号に移っても仕事がなさそうだと会社から言われ、それなら帰国しようと思ったら飛行機は取れない。同じような仲間が徳林寺にはたくさんいると聞いてやってきた。

お寺で暮らしてそろそろ2か月になるが、おもに掃除や料理を担当している。得意料理は「ベトナム風のお好み焼き」とも言われるバインセオだ。朝の勤行にも欠かさず参加している。

「はやくおきる、からだいい。だんだんなれます」

高岡住職の印象を聞いてみると、

「こわくない、やさしい。お父さんみたい」

なんて笑う。望まぬ生活なのだろうけど、それでも徳林寺はなかなか居心地が良いようだ。

帰国後は配送かなにか、クルマを運転する仕事を考えている。

「日本、また来たい。戻りたい。でもワタシ、日本語わからない。タイヘン」

職場と寮をひたすらに往復するだけだった3年間では、言葉を上達させるのは難しい。仕事内容もほとんどの実習生はあまり言葉を必要としない単純作業をしているだけだ。それでいったい、なんの「技能」を「実習」できるのだろうと、いまさらながら思う。「途上国への技術移転」なんてたいそうなお題目を、関わっている人間が誰ひとりとして考えてもいない制度なのである。受け入れる日本人は単に安い労働力が欲しいだけだし、やってくるベトナム人も稼げればそれでいいのだ。だったらもっとシンプルで割り切った労働力輸入制度に変えていくべきなのだろうと思う。技能実習なんて建前を言うから、いかがわしくなるのだ。

この制度が食い物にしているのはおもに、ベトナムの地方の若者たちだ。出身を聞いてみるとみんな「ハノイ」「ホーチミン」なんて都市名でざっくりと言うが、それは「北部」「南部」くらいの意味で、突っ込んでみるとそうした街からはかなり離れた田舎から出てきた人が目立つ。急速に発展する都市部とは、さまざまな意味で格差がある。所得、教育、リテラシー……

それは学習力にも反映されてしまうし、地方を熱心に営業に回っている送り出し機関の甘言を信じてしまうことにもつながる。

一方で同じベトナム人でも留学生たちは都市出身で、実家も裕福なことが多い。物腰は柔らかで、僕よりずっと洗練されている。もちろん留学生の中にもアルバイト目的で実際は出稼ぎみたいな人はたくさんいるが、それでも実習生たちよりは知識や情報量、それに語学力でもかなり開きがあるように見える。そんな留学生からすると、問題を起こす実習生とは一緒にしてほしくないという気持ちは強いようだ。

ところが、生き抜くたくましさにあふれているのは地方出の実習生のほうだ。コロナ禍で首切りにあっても仲間どうしで助けあい、ときに犯罪を厭わず、不法就労であろうと稼いで食っていくという野生のような姿を見せる。頭に来ればケンカもするし、やってられねえと思えば職場を逃げ出す。おとなしく黙ってはいないのだ。従順な労働力だと思ったら大間違いで、かれらはゲリラ戦で米軍を追い出した誇り高く強靭なベトナム人の子孫であり、それもまだまだ粗野な風潮もある地方からやってきた、気は良いがトッポイ兄ちゃんたちなのである。かれらが僕たち同様に人間らしく怒ったり困ったり泣いたりブチ切れたりすることをいっさい制度設計の中に入れていなかった。それが技能実習という仕組みが失敗した一因だろうと思う。

徳林寺の大きな家族

夕方6時。小雨の降る中、相生山に鐘の音が響く。鐘楼《しょうろう》に行ってみると、坊主頭で鋭いソリコミを入れたふたり組が、交代で鐘を突いていた。これも実習生の日課のようだ。かれらは鐘楼を降りると、庭に立っている観音さまに向かって手をあわせ、頭を下げて、しばらくなにかを祈っていた。

鐘の音が合図のようで、すぐに夕食となった。

「せっかくだから、食べていったら」

高岡住職にお誘いいただき、ありがたく同席させていただくことにした。料理はみんなで手分けしてつくったものだ。この夜のメニューは「フォーだよ」と言われたが和風の煮込みうどんのようなもの、豆腐としめじの煮物、卵焼き。それにホッガーヌオンというベトナム風の卵料理だ。これは生卵のアタマをちょこっと割って卵液を取り出し、そこにヌクマムや塩コショウ、ハチミツなどを入れて混ぜ、また卵の中に戻して蒸すというなかなか手のこんだものだ。ほかに畑で採れたハーブがたっぷりと添えられるのがいかにもベトナム人の食卓だと思った。もちろんすべて「ショージンリョーリ」だ。

みんなで食卓を囲む。料理はかれら逃亡実習生の手づくりだ

「いただきまあす」

日本語で言って手をあわせる。賑やかな食事ではあるけれど、誰もがぱぱっと食べ終えてすぐ食器を洗い、片付ける。そしてまたおしゃべりやら、スマホに夢中になる。こんな毎晩を過ごしているのだろう。そこに、在東海ベトナム人協会のユンさんがやってきた。実習生たちにあれこれと指示を飛ばしてから、高岡住職とともに食卓を囲む。

「週に3回くらい、様子を見に来るんです」

仕事もあり子供もいて、さらに実習生たちの面倒を見るのはたいへんだと思うのだが、

「私も昔、日本に来たばかりの頃はいろ

いろあったから。だからいまコロナで困っているベトナム人を助けたい」と言う。「いろいろって、どんなことがあったんですか？」と聞いてみると、言葉を選ぶように話してくれた。

「日本人に、いじめられたりね。本当は帰ろうと思ってた。でも、日本人にもベトナム人にも、良い人もいれば悪い人もいる。日本人でも、良い人にもたくさん会った。主人もそのひとり」

だから20年、この国で暮らしてきたのだ。「良い人もいれば悪い人もいる」。それは外国人を取材していると本当によく聞く言葉だ。この言葉で、なにか自分を納得させたいのではないだろうかと、いつも考えさせられる。

この夜、大使館からのメールが徳林寺に届いた。16人全員のチャーター便の搭乗が決まったのだ。少しだけ、食卓の空気が和んだ。実習生たちはもっと大喜びするかと思ったが、それほどでもなかった。ほっとした気持ちのほうが強いのかもしれない。

「さよならパーティーをやろうと思います」

聖縁さんは言う。

高岡住職に「ひと段落ですね」と声をかけると、

「本当にいろんなことがあったからね。ひと段落というか、３段落くらいだよ。ちょっと寂

これまでに見送ってきたベトナム人たちの写真がずらりと並ぶ

しくなるけど、まあふだんに戻るだけですね」

と笑った。

食堂の壁には、たくさんの写真が飾られたボードがかかっている。徳林寺で過ごす実習生たちや高岡住職や聖縁さんを映したものだ。写真の下にはベトナム語が大きく書いてあったので、ユンさんに意味を訊ねた。

「〝安全な帰国を〟です」

そのボードのとなりの大きな貼り紙には、ベトナム人の名前がずらりと書かれていた。高岡住職と聖縁さんとユンさんが見送ってきた、160人ほどの実習生たちの名前だった。ここに16人が加わり、徳林寺の役割はいったん終わる。その貼り紙の上には、

DAI GIA DINH CHUA TOKURINJI（徳林寺の大きな家族）と書かれていた。

Chapter 6

なんでも対象外の難民たち

多くの外国人が助かったという「10万円給付」だが……

国民ひとりあたり10万円の特別定額給付金は大きな話題を呼んだ。額が少ない、給付が遅い、バラマキだと批判もあったが、在住外国人たちにとっては「ありがたいお金」だったようだ。

しかし、その10万円も受け取れなかった外国人がいる。難民だ。日本にやってきて難民として認めてほしいと申請している人々は、在住者として認められず、住民登録ができない。基本的な行政サービスの対象外ということになる。保険もない。就労も許可されない。10万円の特別給付金すらも、かれらはもらえない。

紛争や政治的な迫害から、難民として逃れてきた先の日本でも、やはり受け入れられない。かれら難民たちはコロナ禍でどう生きているのだろうか。

言葉や文化も奪われた人々

2021年6月20日、埼玉県川口市。JR川口駅のすぐそばには、コロナワクチンの集団接種会場が設けられていた。おおぜいの人が列を成しているが、やはりお年寄りが目立つ。けっこうな人数で、「密」になっている感もあり、大丈夫かな、とも思った。

駅のまわりを軽く歩くだけでも、外国人が多いと感じる街だ。中国語やベトナム語の響きが聞こえてくる。中東系の顔立ちも見かける。川口市を中心とする埼玉県南東部は、首都圏でもとくに多国籍集住が進む地域なのである。

駅前から、バスに乗って10分ほど走る。あたりはもう、東京のベッドタウンがどこでもそうであるように、のっぺりとした特徴のない住宅街が続く。僕の実家も埼玉県にあるもので、どこも変わらないなあと思いながら歩いていると、SKIPシティという大きな施設が現れた。映像に関連した博物館や図書館が集まっているそうなのだが、今日はここで『Voices from the homeland』という映画が上映されるのだ。クルド人をテーマにした物語だ。

コロナ対策の検温や消毒を済ませて会場ホールに入ると、クルド人らしき人々ですでに賑わっていた。川口市にはかれらクルド人も住んでいる。鮮やかな民族衣装を着込んだおばちゃんもいる。日本人も多い。もちろん入場制限をしているが、それでもなかなかの客入りのようだった。

やがて、朗々とした歌声とともに映画は始まった。トルコの大地を旅しながら、「デングベジュ」と呼ばれるクルドの伝統的な吟遊詩人を訪ね歩く、ドキュメンタリータッチの内容だった。クルド語の美しい響きがなによりも印象的なのだが、「歌う」という行為すらかつては危険だった。トルコではクルド語を公的な場で使用すること自体が禁じられた時代が長く続いた。トルコに暮らすクルド人たちは、自分たちの思いを歌に乗せることが許されなかったのだ。

クルド人は「世界最大の少数民族」とも言われる。人口は2500〜3000万人だが、トルコ、イラン、シリア、イラクにまたがって住み、独立した国を持たない。どの国でも迫害されてきた。トルコではクルド語の使用禁止など厳しい同化政策が続き、反対する者に対する虐殺や拷問、村の焼き討ちなどが日常的だったという。その中でクルド民族解放をめざす運動も起き、PKK（クルディスタン労働者党）などの組織もつくられるのだが、トルコ政府の弾圧は一層激しくなっていく。

現在のトルコではクルド語の使用は「解禁」されてはいるのだが、それでも差別対象であることに変わりはなく、進学や就職のハードルは高い。PKKのメンバーと疑われ、不当な逮捕や拘束を受けることもある。

だからやむなく、故郷を離れ、難民になる人々も出てくる。ヨーロッパやオーストラリア、北米に逃れる人が多いが、一部は日本にもやってきた。いま映画を見ている人々も、そんなクルド難民だ。

疎外され、漂流していく民族。その苦しみや悲しみを、「デングベジュ」は歌うのだった。6月20日の「世界難民の日」にあわせたイベントだった。

保険もない、就労もできない「仮放免」という立場

「でもね、映画を観に行ったら、日本の入管に目をつけられるんじゃないかって怖がって、あきらめたクルド人も多い」

そう話すのはアリ・アイユルデイズさん（46）。人懐っこい優しい笑顔が印象的な、ビッグガイである。年齢を訊ねると「昭和50年生まれ」と日本の元号で言う。トルコ南東部ガジアンテップの出身だ。日本にいるクルド人のほとんどは、このガジアンテップからやってきている。同郷の親戚筋を頼ってくるのだ。

映画の題材はクルドの言葉や歌だったが、アリさんの場合は家ではクルド語、学校ではトルコ語という生活を送っていたそうだ。

「あの頃は、クルド語で話すといじめられたよね。人間じゃない扱いだった。だからいまでも、クルド語を話すことにちょっと恥ずかしさがある。日本語のほうがずっと話しやすい」

そんなことを寂しそうに話すアリさんだが、日本に来たのは1993年、17歳のときだ。きっかけは「徴兵」だったという。トルコでは兵役制度があるのだが、それは「トルコ国民」と見なされているクルド人にも適用される。しかし徴兵されれば、ゲリラ活動を始め政府・軍と対立を深めていたPKKと戦わなくてはならないかもしれない。あるいは同じクルド人の村を殲滅するような任務が回ってくるかもしれない。同胞と戦えないと兵役を拒否するクルド人も多いのだが、アリさんもそのひとりだった。もちろん徴兵忌避となれば厳しい措置がとられるし、クルド人となればなおさらだ。そこで家族の計らいもあり、日本へ逃れることになった。

アリさんもクルド人だが、国籍はトルコだ。トルコのパスポートを持っている。すると、友好国である日本へはビザなしで入れる。それに日本には、いとこの夫が住んでいた。わずかなつてを頼っての、脱出だった。

「その頃、日本にいたクルド人は10人いるかどうかだった」

だからコミュニティのようなものもまだできておらず、日本側で支援する人もなく、難民であるとどう訴え出ればいいかわからないまま、生きるために工事現場などで働き続けた。しかし98年にオーバーステイで逮捕。そのときに付いてくれた弁護士に難民として認めてもらうよう申請する方法について教えられたものの、申請の結果は不認定だった。以降、再度の難民申請と、却下を繰り返している。

アリさんは現在「仮放免」という立場で暮らしている。前にも述べたが、これは入管の理屈で言うと「難民として審議をしている間も、本来ならば結果が出るまでは入管施設に収容する必要がある。しかし人道的な見地から身柄は拘束せずに、〝仮〟に〝放免〟する」というものだ。

現在は2000人ほどのクルド人が川口市周辺に暮らしていると見られるが、そのうち700〜800人がこの「仮放免」ではないかと考えられている。「仮」の滞在者なのだから、日本に住民登録はできず、保険もないし就労も許可されない。10万円のコロナ給付金も対象外だ。もちろんアリさんも、日本人も外国人も受け取った10万円をもらってはいない。

そしてアリさんは、2か月に一度「仮放免」を延長するために入管に出頭する。だがこのとき、延長が認められず、そのまま入管の収容所に入れられてしまう人もいる。理由は明示されない。期間もわからない。いきなり投げこまれた収容所の中ではプライバシーや人権が守られず、体調を崩してもまともに医療を受けることもできない。刑務所ではないので作業をすることはないが、無為に過ぎていく時間の中で心を病み、自殺する人も出てくる。2021年2月には収容所内でコロナのクラスターも発生した。

そして数か月、あるいは数年経って、やはりいきなり、これも理由も教えられず、仮放免が認められて「釈放」されたりもする。そしてまた、日本社会の中に就労もできないまま放りこまれる。

あまりにも不安定なのだ。人生設計もなにもない。先を考えることができない。いつ収容されるかわからないのだ。だから2か月に一度、入管に出頭するときには血圧が上がり精神不安定になるというクルド人もいる。入管に生活をチェックされているのではとナーバスになり、なるべく表には出ず、人目に触れずに暮らすというクルド人もいる。だから映画に来ることができない人もたくさんいた。

だったらトルコに帰ればいい、という意見もある。しかし入管に仮放免が認められず、さらに強制退去となって帰国した人の中には、ＰＫＫと疑われて逮捕されたり殺された人もいる。日本にもトルコにも行き場がない。それがクルド人たちの現状だ。

解体や工事現場で働くクルド人たち

そんなクルド人は、いったいどうやって日本で生きているのか。かれらにも立場はいろいろある。同じように難民申請をしていながら、仮放免のままの人もいれば、就労ができる「特定活動」などの在留資格を得ている人もいるのだ。どうしてこの人が仮放免で、この人が特定活動なのか、その基準もはっきりしないのだという。

またアリさんたちクルド難民が日本に来るようになって20数年、その間に日本人と結婚する人も出てきた。この場合は日本人の配偶者となり、家族ビザが取れて就労も可能だ。

こうして正式に就労できる人たちが、いくらかはいるのだ。かれらはおもに、建設や土木、解体といった業界で働いている。近年では解体などの会社を興し、社長となって、仲間を雇うクルド人も出てきている。いまや日本人を雇っているクルド人だっているくらいだ。都内でも、一軒家や小規模のビルの解体作業の現場で、クルド人が働いている姿を見ることがある。

そしてかれらは、自分の家族や親戚などに仮放免の人がいれば、その生活の面倒も見る。ときには仮放免の人にちょっとした手伝いを頼み、そのお礼に食事や生活用品を渡すなどして、暮らしを支援する。これを「不法就労」と断ずるのはあまりに酷だろう。こうしてぎりぎりの線で、仮放免の数百人はしのいでいる。

そしてアリさんの場合は、日本人の奥さんが働き、生活を支えている。彼女を助けたいけれど、アリさんが労働をすればそれは違法行為に当たるのだ。そしてこれまたややこしいことに、アリさんは日本人と結婚しているにもかかわらず、家族ビザが取れない。通常ではなかなかにありえないことなのだが、そこもまた入管のサジ加減だと見られている。アリさんの場合はこうしてメディアの取材にも応えて、入管政策の改善を訴えることもあるので、どうにもニラまれているようなのだ。だから難民としても認定されず、日本人の配偶者としてもビザを取れず、仮放免のまま暮らし続けている。

コロナ禍で減少する仕事、増える労働事故

もともと埼玉県南東部に外国人が増えてきたのはバブル期だと言われる。現在とはまったく違う意味で、少子高齢化ではなく好景気のために人手不足だった80年代、労働力として重宝されたのは南アジアや中近東の外国人たちだった。かれらは川口市周辺に古くから密集する大小さまざまな工場で働き、ものづくりの現場を支えた。日本の製造業は、かなりの部分を外国人労働者に依存してきたのだ。

僕の両親もやはり埼玉県で町工場を営んでいた。取引先や仕事仲間には、イラン人やパキスタン人を雇っているところもけっこうあるのだと父が話していたのを覚えている。当時は不法就労も多かったのだろうと思う。日本はいまほどビザに厳しくはなく、それよりもひたすらに前へ進むための労働力を求めた時代だった。

そんな外国人が集まる川口に、クルド人もやってくるようになる。これはバブル期の労働者

の中に、クルド系のイラン人がけっこう混じっていたからではないかと言われている。同じクルド語を解する仲間のつながりから、外国人でも肉体労働なら仕事の見つかりやすい川口近辺に、定住するようになったのではないか。

親戚筋を頼って次々とトルコから逃れてきたクルド人は、やがて川口市のすぐ西、蕨《わらび》市のほうにも集住するようになる。川口と蕨にまたがって大きなコミュニティをつくっていくのだが、いつしかこのあたりは「ワラビスタン」と呼ばれるようになった。「蕨」と、ペルシャ語系の言葉で「〜の土地」を意味する「スタン」があわさったのだ。

とはいえ、そのワラビスタンを歩いてみても「移民タウン」としての成熟度は低い。いちおう25年ほどの歴史があり、2000人前後が暮らしているのだが、クルド料理のレストランは蕨の「ハッピーケバブ」くらい（東京の十条にはクルド料理店「メソポタミア」がある。うまい）。出しているのは名前のとおりケバブが中心で、それもクルド飯のひとつではあるのだろうけれど、もっとこう独特な民族色が欲しい！　と僕みたいな異国飯マニアは思ってしまうのである。しかし商売を考えるなら、外国にあまり興味のない日本人でも知っているケバブ推しにするのは正解なのだろう。

あとは蕨にも川口にもハラル食材店が点在しているが、これはバングラデシュ人などほかのイスラム教徒が経営しているところもある。そのほかに目立った店や施設はない。同じイスラム教徒でもクルド人は世俗化が進んでおり、礼拝をしない人もいるのでモスクはない。それもあって、ほかの外国人コミュニティに比べると「集まる場所」というのが少ないのだ。あとは日本人支援者の営む日本語教室くらいだ。

コミュニティにあまり活発さがないのは、やはり仮放免の多さが影響しているのだろう。街に根づいて商売をしよう、地域の日本人となにかやってみようという状況にはないのだ。生活がいつ断絶するかわからないのだから、2か月に一度の入管出頭まで、その日その日を目標もなく生きるしかない。非常にもろいコミュニティといえる。

そんなワラビスタンにも、コロナ禍は大きな影響を及ぼしている。

「やっぱり、いちばん困っているのは仕事だよね。工事現場、解体とかの仕事がかなり減った」

アリさんは言う。アリさん自身は仮放免のため働けないが、話はいろいろと入ってくる。就労できる立場のクルド人でも、コロナのために現場仕事が少なくなっているのだそうだ。

「去年（2020年）は月に1週間しか仕事がない、なんて会社も聞いた。今年の3月くらいから少し良くなってきたけど、それでもたいへんだよね」

かれら就労できるクルド人に頼っている仮放免の人々は、当然さらにきつくなる。

「仕事自体はね、ないことはないんですよ」とアリさんを補足するのは、松澤秀延さん（73）

だ。およそ20年にわたり、クルド人の支援をしてきた「クルドを知る会」の会長だ。アリさんとは長年の付きあいで、ほとんど親子のようなのである。「お前、また太ったんじゃないか」なんてアリさんの巨大なお腹をつつく。

「労働者不足は変わらない世の中ですから、解体や工事の仕事もそれなりにある。でもやっぱりコロナでいくらかは減っている。その減少分はぜんぶ、下請けに押し付けられる。クルド人はみんな下請けで入ってるからね」

仕事そのものの発注が減る、発注があっても金額が低い。収入が減り、生活が苦しくなるクルド人が増えている。

「まず外国人から切られるのはリーマン・ショックのときも、バブル崩壊のときもそうです。いつも調整弁なんですよ。バブルのあとはこのへんにも失業した外国人いっぱいいましたよ。生きていけずに上野公園に集まって寝泊まりする人もたくさんいた。イラン人は違法テレホンカードの売買に流れていったりね。みんなオーバーステイや不法就労で強制送還になりましたが、あの時代と同じことをコロナのいまも繰り返そうとしている」

松澤さんは憤る。

「それにね、コロナ禍になってから現場で事故が増えてるんです」

仕事が安くなった結果、安全面にかける人件費が削減されているのだという。２０２１年に

アリ・アイユルデイズさん（左）と松澤秀延さん（右）

は死亡事故も起きている。重機の積み下ろしのときに荷崩れして、そばにいたクルド人が下敷きになったのだ。

「ふつうはね、元請けが安全管理をして、バリケードで囲って作業したり、安全確保の人員を用意したりするもんなんです。でもコロナになってから人件費も設備費も減らされ、元請けもすべて下請け任せになって、現場管理がずさんになっている」

骨折などの事故はしょっちゅうあるというが、元請けが労働基準監督署に監査に入られることを警戒して、労災保険の申請をさせない、労災という仕組みを教えないケースもあるという。

それでも仕事があるだけまだましで、働けない仮放免の人々はもっと苦しい。かれらは10万円の給付でひと息つくこともできなかったのだ。

「手元にあるお金でやりくりしたり、就労できる親戚に頼ったり。あとは、借金する人が増えていますね」

アリさんはつぶやいた。難民として日本に来て、借金苦なのである。それも親戚から借りるのだ。同じガジアンテップからやってきた親族どうしで、ある人は10万円の給付があり、ある人はもらえない。就労できる人、できない人も混じり、その上に借金まで重なってくる。人間関係にもあれやこれやと面倒なことが起きているのだろうと想像する。

「これ以上はもう無理だって、トルコに帰る人も増えてる。100人くらいは帰ったんじゃないかな」

とアリさんは言う。

「帰国するのにもいまはPCR検査が必要でしょう。その金額がひとり4万円くらいかかって、4人家族だから航空券も入れるととうてい払えないって相談を受けたこともあったよ。そのときはみんなで、ひとり1万3000円の安い病院をなんとか探して、ようやく帰っていった」

そうして戻っても、難民として国を出たクルド人はテロリストと疑われ、警察や軍に逮捕される可能性もあるわけだ。そのリスクを取らなくてはならないほど、日本での生活がしんどくなってきている。またいったんトルコに戻り、そこからまた別の国に難民として流浪していく人も出てきているそうだ。

「それに、トルコに帰っても、学校に通っていない子が多いみたいなんだ」

日本で生まれ育った、クルド人の子供たちのことだ。当たり前だが難民だって結婚もするし子供もつくる。かれらは生まれたときからずっと日本の環境の中で暮らしてきたのだ。日本の学校に通い、日本語をベースとして生きてきた。親がクルド難民であることにさまざまな思いを抱いてはいるだろうけれど、メンタリティや考え方、「文化」は日本人と変わらない。それがいきなりトルコに帰れば、当然ながら学校ではトルコ語の授業についていけず、クルド人だといじめられる。やはり行き場を失う。コロナ禍はそんな状況も生んでいた。

病院に行きたくても行けない

クルド人の間では、コロナ感染者もかなり出ているという。多人数同居が多く、ひとりが感染すると家全体がクラスター化するからだ。クルド人に部屋を貸してくれる業者は少なく、また経済的に苦しい家庭が多いので、どうしても家族だけでなく親戚も含めて同居せざるをえないからだろう。これはクルド人だけでなく、東海地方のブラジル人やペルー人などにも共通していた。ただ、幸いにしてクルド人の間では重症者は出ていないそうだ。

「糖尿だから、もしコロナにかかったらどうなるだろうって心配はある」

そう言うアリさんは、仮放免にしては珍しく健康保険に加入している。奥さんの扶養に入っているのだ。それに仮放免でも就労が許可されていた時代があって、そのときは社会保険に入っていたことがプラスになったのかも、と言う。

しかし保険のない大多数の仮放免の人々は、体調が悪くなっても「病院に行く」という選択肢がほとんどない。実費で治療費を支払えるだけの余裕はない。当然、コロナに感染しても医療機関や行政からは把握されない。松澤さんのところにも相談が寄せられているという。

「コロナかもしれないと思っても市販の薬を買うくらいしかできない。検査も行かないと言う人ばかりです。肺のレントゲン検査に3万円かかると言われて、あきらめたという人もいました」

こうして日本社会の枠の外に置かれている仮放免の人々も含めて、ワクチンを打たないとまずいというのは行政もわかっているようだ。かれらもワクチン接種の対象にはなっている。しかし住民登録もないかれらにどうやって通知をするのか。通知できたとして、入管を警戒している人々は出てこないかもしれない。

松澤さんはそんな心配もしているが、「クルドを知る会」では2020年の5月から「移住連（移住者と連帯する全国ネットワーク）」などと連携し、コロナ禍で困窮する仮放免の人々への援助を始めた。ここに日本人の募金が多数寄せられ、「600〜700人ほどに、ひとり3万円を支援できた」という。10万円給付には及ばないかもしれないが、それでもいくらかは暮らしの助けになっただろうと思う。

ほかにも野菜や米といった食料や生活必需品、子供のランドセルまで、クルド難民の苦労を知った日本人から「クルドを知る会」にはさまざまな物資が寄せられる。松澤さんも忙しくなるばかりだ。

「もともとアリは、うちの会社の下請けで来てたんだよな。そっからの付きあいだよ」

そう言ってアリさんの肩を叩く。25年以上前のことだ。都内の造園会社で働く松澤さんのところに出入りしていた下請け企業の中に、アリさんがいたのだ。そこで親しくなり、かれらのきつさを知り、2003年に「クルドを知る会」をつくって、ずっと支援を続けてきた。

「私は子供がいないもんでね。クルドの子供たちが孫だと思ってますよ」

東京オリンピックの「難民チーム」の陰で

そもそも、どうしてかれらクルド人は難民として認められないのか。もし難民として認められれば、日本に定住し、もちろん住民登録も就労もできるようになるのだ。

２０２０年に難民申請をした外国人は３９３６人。うち認定された人は47人。わずか１・2％という認定率だった。他国を見ると、認定率が約56％と高いカナダは２万７０００人を受け入れ、認定率19％と低いフランスでも３万人が難民として認められた（いずれも２０１９年、ＵＮＨＣＲによる）。日本は基本的に、難民を受け入れないという方針なのだ。

唯一門戸が開いたのは、１９７０年代後半のことだった。混乱するベトナム、カンボジア、ラオスのインドシナ３国から、１９７９〜２００５年の間におよそ1万１０００人の難民を受け入れたことがある。この人々はいま日本各地に定住し、隣人として日本社会にすっかり溶けこんだ。

かれらが難民として認められたのはなぜか。そこには東西冷戦が影響していた。ベトナムもカンボジアもラオスも、戦争や内紛の結果、社会主義体制に移行しつつあった頃だ。その中で迫害を受ける可能性のある人々が国を逃げ出した。そこに手を差し伸べることは、「西側民主主義陣営」の義務でもあったのだ。つまりはアメリカの政治的な意図で、日本も圧力を受けて、インドシナ難民を受け入れたのだと言われる。

こうした例外のほかは、日本政府から難民認定を受けられる人は例年1％前後に留まっている。とりわけクルド難民には厳しい。これまでに難民として認定されたクルド人はひとりもいないのだ。代わりに「特定活動」などの在留資格を与えることがあるが、難民として認めることはない。

そこには、トルコ政府に対する「忖度」があるという。トルコと日本は長年の友好国だ。もしクルド人を難民として受け入れれば、それはトルコによる人権侵害や弾圧を、日本政府が認定したことになるわけだ。トルコとの外交上、それは憚られる。こうした事情もあって、クルド人がさまようことになる。

日本政府が難民を認めないというその方針について、僕はそれはそれでいいと思うのだ。国によって立場はいろいろだ。難民は受け入れませんよ、という国があったっていい。なんでもかんでも欧米に倣う必要はない。

しかし日本は、「難民条約」に加盟している国のひとつなのである。正しくは「難民の地位に関する条約」という。世界人権宣言のもと、迫害を受けて国境を越え逃れてきた人々を保護し、便宜を与えることを、加盟国に求めている。日本は1981年、インドシナ難民の件をきっかけに加盟した。だから難民たちも、日本にやってくるのだ。難民保護を謳う条約に入っている国なのだから、と日本をめざす。しかし来てみれば、難民認定を受けられないどころか、仮放免のまま不安定な暮らしが続いたり、どういうわけか犯罪者として扱われ収容所に入れられる人も出る。それではスジが通らない。

だったらいっそ、難民条約を脱退すればいいと思うのだ。日本は難民を受け入れません、そんなに人道的な国ではないので、よそに行ってくださいと、国際社会に向けて高らかにアピールすればいい。そうすれば間違えて日本にやってくる不幸な難民も減るし、入管もよけいな業務が減るじゃないかと思う。主要な民主主義国をはじめ147か国が加盟している難民条約だが、制度の狭間で苦しむ人を出さないためには、脱退も選択肢のひとつではないかと思う。

東京オリンピックでは、難民選手団も来日した。祖国を追われた人たちの中には、アスリートだっているのだ。かれらでチームを結成し、オリンピックに出場してもらおうという試みは、2016年のリオデジャネイロ・オリンピックに続いて2回目だ。アフガニスタンやシリアなどから逃れてきた11か国29人が参加し、苦境を乗り越えてきた選手たちとして脚光を浴びた。一方で、クルド人たちは難民として認められず、コロナ禍の中でオリンピックどころではない。かれらには応援する母国もない。

難民チームについてどう思うか、アリさんに尋ねてみた。無言でうつむくだけだった。

Chapter 7

〝職域接種〟するフィリピンパブ嬢たち

栄4丁目、通称「女子大小路」

首都圏でも愛知県でも4度目の緊急事態宣言が解除された2021年10月。僕は名古屋市を代表する繁華街・栄の4丁目にいた。

池田公園のまわり、通称「女子大小路《じょしだいこうじ》」と呼ばれる一帯を歩いてみると、なかなかにカオスなのであった。林立する雑居ビルにはキャバクラやガールズバーのネオンとともに、フィリピンの国旗の看板が煌々と輝く。ラーメン屋とベトナム料理屋とタイ料理屋がひとつのビルに同居する。少し歩いたら今度は四川火鍋の店と台湾マッサージのビルがあった。ケバブ屋の軒先で写真を撮っていると、シーシャをふかした中東系のおじさんたちがにこりと手を上げる。中華食材店からほのかに漂う八角の香り。新宿・歌舞伎町に、アジアのスパイスを大量にぶちまけたような場所だと思った。

ネオン輝く歓楽街の中に，アジアの香りが強く漂う栄４丁目

いったいどこの国にいるのかわからなくなってくるが、なんといってもフィリピンの存在感が強い。どこもかしこもフィリピンパブだらけなのである。この界隈に100軒ほどがあるらしい。怪しげな客引きのアニキも、日本語を操るフィリピン人だ。フィリピンの食材店や、フィリピンレストランもある。夕暮れどきになると、池田公園には犬を散歩させているフィリピン人のおばちゃんたちがいた。その傍らを、これから出勤なのか、着飾ったフィリピン人の女の子がミニスカートにマスク姿で歩いていく。

　アジアとの付き合いが長い僕からすると実に落ち着く界隈なのだが、ひとつ気になることもあった。ホストらしき若い男性がやたらと多いのだ。こちらは日本人だろう。栄4丁目に来たのは4年ぶりだったが、以前はこれほどホストは目立たなかったようにも思う。まあ、夜の街はなにかと変化が速いからなあ……と思いながら、僕はとあるフィリピンパブに向かった。

街全体がクラスター化してしまった

「えげつないですね。リーマン・ショックのときよりもはるかにひどい」

老舗のフィリピンパブを営むSさんは、コロナによるダメージをそう言い表した。コロナ禍のごく初期、2020年の3月あたりから、お客は減ってきたそうだ。

「サラリーマンはもう、いっさいおらんですね。会社から止められとるもんで。本当に閑散としてしまって。リーマンのときはね、錦とか、そのあたりの高級クラブで飲んでる人たちが、安く飲めるこっちに流れてきたりもしたんですが」

コロナを広める温床となっているのは「接待を伴う飲食店」が乱立する「夜の街」だと、歌舞伎町をはじめ全国各地の歓楽街が指弾されたこともあって、女子大小路もお客は激減。Sさんの店は8割減となってしまった。それから感染状況を見つつ、店を開けたり閉めたりしており、ほとんどまともに営業できていない。

キャバクラやスナックがびっしり入る雑居ビルの中に，フィリピンパブらしき看板も混じる

加えて、２０２０年の春から夏にかけて、女子大小路に異変が現れたという。ホストクラブの急増だ。そのうちかなりの部分が、東京からやってきたのではないかと言われる。２０２０年4月には、首都圏に初の緊急事態宣言が出されたため営業が難しくなった歌舞伎町のとあるホストクラブが、名古屋の系列店にホストを派遣することを発表し、物議を醸した。そのときはまだ緊急事態宣言下になかった名古屋なら、まだお客が見込めると判断してのことだったのだろう。しかしこの計画はネット上でさんざんに叩かれ、取り止め白紙となった。

だが、それでも名古屋進出をした業者はいたようだ。見慣れぬハデな若者が池田公園のまわりでも目立つようになる。かれらの店が入居したのは、フィリピンパブもたくさん営業している雑居ビルだ。エレベーターやホールなどで、ホストとフィリピンパブ嬢が接することになる。同業どうし、会話も交わすだろう。それぞれのお客も入り混じる。こうした因果関係を明言することはできないが、結果として2020年の9月あたりから、フィリピンパブ嬢の間でコロナが大流行してしまう。「23人のキャストのうち18人がコロナ陽性、店長もマネージャーもみんなコロナ」なんて店もあったそうで、こうなるともう営業どころではない。多くの店が閉めたし、つぶれるところも続出した。

名古屋駅のそばのビジネスホテルは自治体が貸し切ってコロナ隔離ホテルとなったのだが、あるフロアはみんなホストで、その上のフロアはみんなフィリピンパブ嬢が入室しているという、夜の街がそのまま引っ越してきたような事態にもなったそうだ。地域そのものがクラスターと化してしまったのだ。

そして2021年の年明けあたりから、池田公園のそばにはバスが停まるようになった。移動式PCR検査センターなのであった。事態を重く見た自治体が派遣したのだろうが、そこで検査をしてみたSさんは、ばっちり陽性の診断を下されてしまう。

「ちょっと喉の調子がいつもと違うぞ、と思って念のために検査してみたら、感染していました。とはいえ軽症だったので自宅隔離です。家族にも、店のスタッフやキャストにもうつさずに済みました」

多くの店がこんな調子だった。店の関係者が次々と感染し、お客は寄りつかない。このままでは街が死んでしまう。なんとかしなくては……と、地域のフィリピン関係の人々が立ち上がった。フィリピンパブ嬢や従業員を集めて、ワクチンの職域接種をしようという前代未聞の取り組みを始めたのだ。その中心となったのは、飲食店運営会社会長の山田信さん（63）だ。

1000人のフィリピンパブ嬢がワクチンを職域接種

「はじめはね、なかなかうまくいかなかったんですよ」

職域接種のハードルは高い。基本的に、接種者が1000人以上いなくてはならず、また医師や看護師など接種にあたる医療従事者、そして接種会場を自前で確保する必要がある。つまりほとんど大企業限定なのである。中小企業や、フィリピンパブ経営のような零細企業はまず対象外だ。

かといって、2021年の春から夏にかけての時期、パブ勤めのフィリピン人が個人でワクチン接種をするのはなかなかに難しかった。自治体などが行う集団接種は予約がなかなか取れず、日本語がそれなりに話せる人が多いとはいえ専門用語も飛び交う予約の手順を外国人が電話やネットで行うのはたいへんだ。

そこで山田さんは6月、「名古屋日・比社交協会」を設立。自らが会長となり、フィリピンパブを中心とした46店舗に加盟してもらい、まず1000人の接種者を集めた。接種の申請に

フィリピン人から「栄４丁目のお父さん」と慕われる山田信さん（中央）

は法人の名義や法人番号が必要となるが、これは山田さんの会社のもので申請した。
加えて接種に必要な医療関係者だが、これは地元の有力者に陳情もしたが、女子大小路を愛するお客の医師が協力してくれるというケースもあったようだ。さらに言葉の問題もたいへんだった。
「接種の前に、既往歴やアレルギーなどを記入する予診票があるでしょう。このタガログ語版をつくったんです。だけど、今度は予診票をもとに問診する医者が、それを読めない。そこで通訳も用意しました」
日本語の読み書きも堪能なフィリピン人が協力してくれることになった。そして接種場所は、女子大小路のある名古屋市中区にかけあい、区役所内に会場を設けた。こうして山田さんたち協会の人々の苦労によって、7月10日からモデルナのワクチン接種が開始され、1000人のフィリピンパブ嬢が無事に接種を終えたというわけだ。ずいぶんと手間もお金もかかってしまったようだが、

「そこはパブがたくさん入っているビルのオーナーや、フィリピンの食材店が協力してくれてね。まあ、なんとかやりましたよ」

山田さんたちの尽力もあり、また感染がだいぶ落ち着いてきたこともあって、訪問時の2021年の10月、女子大小路のフィリピンパブは営業を再開するところも増えてきた。もちろんマスク姿での接客で、なんだか違和感はあるが、それでも「働ける場」を取り戻したことで、女の子たちもいくらかほっとしたようだ。

「モデルナ2回目、発熱タイヘンだった〜」

と笑うのは、マニラ出身のユラさんだ。山田さんいわく「このあたりのボスです」。1993年に来日し、岐阜から名古屋に流れてきて、以降20年以上も女子大小路で生きてきた大ベテランだが、副反応の発熱に苦しんだ。

「ダイジョブじゃなかったってことは、まだまだ若いってことです」

なんて言って、僕や山田さんを笑わせる。ワクチンの副反応は若い世代ほど出るのである。

もうひとり、同席してくれたパンパンガ出身のハナさんも「発熱、2日くらい続いてほんとき

つかった」と言う。

お金がなくなると「ウータン」でしのぐ

彼女たちにとって、この1年あまりのコロナ禍では、どんなことがしんどかったのだろうか。少し考えてから、ユラさんは言った。

「私もコロナにかかったらどうしよう。それがいちばん怖かった。あと、仕事ですね。休むお店もたくさんあったから。私が働く店も、続けられるのか、なくなっちゃうんじゃないかって」

コロナで閉店となれば、給料はもらえない。店には国や自治体の給付金や貸付制度などもあるが、家賃など経費のやりくりだけで消えていく。キャストにいくばくかの休業補償を出す店もあったが、どうしたって彼女たちの稼ぎは減る。それに、こうした仕事は時給だけで成り立っているわけではない。お客から指名を受ければ、その指名料のバック、ドリンク代のバックなども加算される。これが大きいのだが、店にお客が来なければどうしようもない。コロナを恐れた、あるいは夜遊びを会社に禁じられた人々が増えたことで、お客が激減したユラさんたちの生活も苦しいものとなった。そしてとうとう2020年6月あたりからは一時的に閉店。

「私は貯金がチョットあったから、なんとかなったけど……」

「私はウータン」

てへっ、とばかりにハナさんが言う。

「うーたん？」

「借金のことですわ」

山田さんが苦笑してタガログ語の意味を教えてくれる。店に家賃を借りたり、給料の前借りをしたり、友達に当面のお金を借りたりして、一時的にしのぐのである。こうして借金をしてまで、彼女たちがまず優先するのは故郷の家族への仕送りだ。

フィリピンは「世界最大の労働力輸出国家」とも言われる。国民の10人にひとり、およそ1000万人が海外で暮らす。建設作業員などの単純労働、高い英語力を活かした看護師などの医療関係、船員、それに女性はメイドなど、さまざまな分野で働いている。世界のグローバル化、労働力の流動化によって、その人数はコロナ禍以前はどんどん増えていたのだ。

かれらOFW（Overseas Filipino Worker）からの送金額は、2020年の統計で約300億米ドル、なんと3兆円以上に上る。コロナ禍の影響によって20年ぶりの低水準となったのだが、それでもGDPのおよそ1割を稼ぎ出している。このお金によって本国にいる家族が消費をし、内需が押し上げられ、近年のフィリピン経済はなかなかの好調だった。

海外で苦労をしても、コロナで自分の生活がきつくても、国の親兄弟に仕送りをする。現代の日本人では、もうわからなくなってしまった感覚かもしれない。

「教会や学校では、両親を大切にしなさい、ちゃんと面倒を見なさいと徹底的に教育をするんです」

山田さんは言う。年金制度があまり充実していない国の「自助、共助」なのかもしれないが、それにしたって彼女たちは自分よりもなによりも家族を大切にしていて、どうしてそこまで、とも思う。ほかのキャストたちも呼んでもらって聞いたところ、みんな毎月8万円とか10万円を送金してるのだとか。

「ひと月に20万円、送ったことあるよ」

なんて子には「わお」と感嘆の声が上がった。

その送金も、2020年の秋あたりからは難しくなった。クリスマスのときはみんな相当に無理をして仕送りをひねり出したらしいが、

「それもウータン」

「貯金ぜんぜんない」

「500円玉貯金だけ。こーんな形の」

よくドンキとかで売ってるやつだ。そうそう、とみんなが頷く。その500円玉貯金も、

いっぱいになったら、

「エクスチェンジしてフィリピンに送る」

「結局、ぜーんぶフィリピン」

と、またみんなで笑い転げる。その明るさにはなんだか救われる。出稼ぎの悲壮感をこちらに感じさせない。つらさを笑いで包みこむのがフィリピンだ。

「みんな借金あるから。若い子はとくに、借金まだいっぱい」

ユラさんが言う。来日するお金をつくるため業者に借金をする女性は多い。そんなことをけらけら笑って言うけれど、異国で働き、借金を返しながら家族に仕送りをするのはなかなかたいへんだと思うのだ。

「それでも、日本におりたいから」

山田さんがしみじみと言う。夜の仕事で苦労をして、税金をたっぷり払っても、なんとかビザを更新して、日本で働きたい。

「はい、日本にいたいです」

ユラさんもはっきり言う。ここで家族のためにもっともっと稼ぎたい。だからユラさんは、店が休業している間はずっと日本語の勉強をしていたそうだ。すでに達者な会話力はあるように思ったが、

「将来的に、日本でなにかをやってみたくて。それがなんなのかまだわからないけど、日本語はもっと勉強しないと」

なんて言う。

それに、これを機に介護の仕事を始めたフィリピンパブ嬢がかなり多いのだという。ユラさんの店でも、半分くらいの女の子が介護をしているそうだ。昼間はデイサービスで働いて、夕方5時で終わってから、店へとやってくる。お客が減ってパブの稼ぎは少ないが、ダブルワークでなんとか暮らしているというわけだ。

いま介護の世界でも外国人が急増しているが、フィリピン人はとくに多い。夜の世界との掛け持ちもいれば、日本人と結婚した主婦もいる。技能実習生や、2019年から新設された「特定技能」という在留資格の枠組みの中で、介護の仕事をするフィリピン人もいる。親を大切にし、年寄りを敬うフィリピン人の気質は、介護にあっているのかもしれない。昼も夜も、日本人の面倒を見るのである。

東海地方の工場労働者を支えてきた存在

日本にフィリピン人が増え始めたのは1960年代と言われる。当初は、キャバレー（いまのキャバクラとはだいぶ違う、生バンドによるステージなどもある飲み屋のことだ）などで演奏するためのバンドが中心だった。英語が堪能で、かつ国民性なのか歌やダンスもうまい彼ら彼女らは、エンターテイナーとして実に優秀だ。往時のキャバレーもさぞ盛り上がったと思うのだが、やがてフィリピン人女性の明るさやホスピタリティ、あるいは母国の貧困に目をつける者が現れる。彼女たちをバンドのメンバーではなくホステスとして働かせる店が増え始めたのだ。

やがてフィリピン女性を主体としたパブが全国各地に現れる。ホステスたちはもともと歌や音楽の「興行」のために来日していたわけだから、在留資格も「興行」だ。これを拡大解釈、あるいはお題目とする形で、「興行ビザ」のフィリピン人女性が日本に続々と出稼ぎにやってきて、パブで働くようになる。１９８０年代のことだった。

とりわけ愛知県をはじめとする東海地方にはフィリピンパブが乱立した。一説によると、この地域は製造業がさかんで、高度経済成長期から出稼ぎの人々が集まってくる場所ということが背景にあるそうだ。男性人口が多かったのだ。

当然ながら、各地に歓楽街も形成される。明るく陽気なフィリピン人に、仕事の疲れを癒されるお父さんもたくさんいたことだろう。日本人の店よりもフィリピンパブの女性たちは妙に距離感が近く、仕事とプライベートの区別もあいまいで親しみやすく、そこにハマっていったおじさんたちも多い。もちろんそこには、売買春だとか、オーバーステイ、悪質なブローカーの介在、多額のウータンを背負って来日する女性の苦労など、さまざまな問題はあったのだが、それでも彼女たちが仕事仕事の日本人に少しばかり安らぎを与えたことは確かだろうと思うのだ。

そしてバブル崩壊後、さらにフィリピンパブは増えていく。景気が悪くなったがそれでも飲みたい、遊びたいという男たちが、単価の高いキャバクラや高級クラブから流れてきたからだ。会社の経費を切れなくなったサラリーマンたちも、飲み代が比較的安いフィリピンパブにやってくるようになる。そして撤退していったキャバクラの跡地に、フィリピンパブが入居していく。最盛期の2000年代初頭、栄4丁目には300軒とも400軒とも言われるフィリピンパブが密集していたそうだ。

しかし、2004年に大きな転機が訪れる。アメリカ国務省が「人身売買に関する年次報告書」で、日本を「人身売買を容認している国」と批判。興行ビザの乱発が外国人女性を性的搾取する元凶になっていると指弾した。

アメリカに怒られてしまった日本政府はすぐさま興行ビザの運用を厳しくし、以降フィリピンパブは衰退の一途をたどる。いま働いている女性たちも日本人と結婚するなどして就労できる在留資格を持っている人が中心で、興行ビザは少ない。栄4丁目の店も100軒ほどに減った。それでも、この地域で大きな存在感を持ち、日本人の労働者の憩いの場であり続けている。

「夜の店」などとひと口に言ってマユをひそめる方もいるけれど、色と欲にまみれているのもまた人間だ。人が営むこの社会に、「歓楽」とは必要な機能ではないかと思うのだ。そこを、現代の日本では外国人も担っている。とりわけこの愛知県では、高度経済成長期からバブル崩壊後もリーマン・ショックも、製造業の浮き沈みにあわせるように、日本人とともに苦労してきたといえるのではないだろうか。

ワクチン接種でみんな明るくなった

「ほかにもなにか、コロナで困っていることはある?」

ユラさんたちに聞いてみると、口々に「ホームシック」だと言った。以前のように気軽に日本とフィリピンを行き来できない世の中だ。行き帰りの長い隔離期間を考えると、その間は仕事ができなくなってしまうので現実的ではない。それにいったん帰国したら、なにか情勢が変わって、日本への再入国ができなくなるのではと恐れる在日外国人は彼女たちに限らず多い。コロナ禍では日本に限らずどの国も、入国条件が刻一刻と変化した。常に在留資格やその期限を気にしつつ生活をする、立場が不安定な外国人にとって、「いまいる国」に留まるのが安全策でもあるのだ。

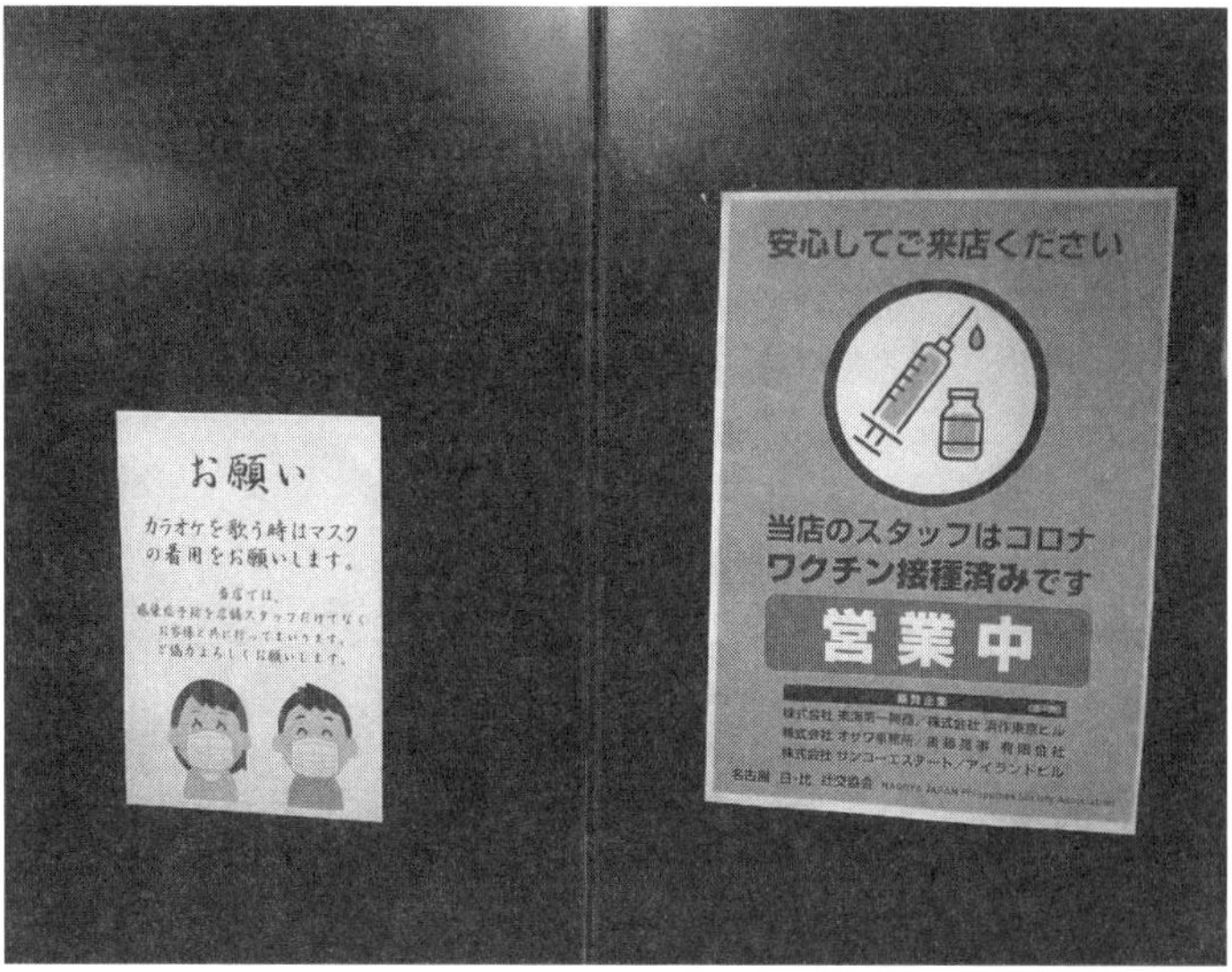

あるフィリピンパブの入り口にて。これも山田さんたちの尽力の結果

だからみんなFacebookに夢中だ。故郷の家族や友人たちと毎日というかヒマさえあれば連絡を取りあう。

「みんなごはん食べるよりこっちのほうが大事やろ」

と山田さんがスマホを指すと、わっと笑いが起こる。コロナで稼ぎが減って生活が苦しくても、スマホの料金は絶対に払うのだそうな。

「あとは、デートしようってお客さんがすごく増えた」

コロナでヒマだろうしお金もたいへんだろうからと、店外デートに誘ってくるおじさんたちの下心をあしらうのにも、なかなか手を焼いているようだ。

「それでもね、ほんと明るくなったんで

すよ、みんな」

山田さんは言う。ワクチンを打つまでは、ちょっと体調が悪いだけでも不安になったり、ふさぎこんだりする女性ばかりだったそうだ。同じ街で働く友人たちや知人もどんどん感染していったのだから、無理もない。それが、ワクチンの職域接種によってだいぶ気持ちが緩んだようだ。もちろんワクチンは重症化を防ぐものであって、感染防止に一定の効果はありつつも、完全に防げるものではない。それでも、いくらか安心していられることは間違いない。

「雰囲気が変わりましたよ」

そう話す山田さんを、ユラさんたちは「みんなのお父さん、栄4丁目のお父さん」と評する。

2021年の秋、日本のコロナ感染者数はワクチン効果もあって激減した。歓楽街にも少しだけだが光が見えてきた。とはいえ、いつ次の波がやってくるのか、マスクなしで笑える日はいつ来るのか、まだまだなにもわからない。しかし30年以上にわたって日本社会に根づき、日本の男たちを癒し、ときに翻弄したフィリピンの女性たちは、きっとしたたかに生き残るのだろうと思う。

Epilogue

「コロナはチャンス」したたかな商売人たち

新大久保の外国人人口は1000人減だけど

なんだか近所に、空き部屋が目立ってきているような気がしていたのだ。うちのベランダの正面に見える向かいのマンションの部屋にはたしか、中国人が住んでいたと思うのだが、いつの間にか空っぽになっていた。近所のアパートには「空き部屋あります」なんて管理会社の貼り紙も見るようになった。

僕の住む新大久保は、人口の4割近くが外国人だ。しかしコロナ禍の中で、その数がちょっと減っているように思った。歩いている外国人もなんだか少なくなったように感じる。

そこで、新宿区の統計にあたってみた。町丁別の世帯人口というものが公開されているのだ。日本人と外国人の割合なども詳しくデータ化されている。

とはいえ、「新大久保」という町名はない。JR山手線の駅名にはなっているが、新大久保

【新大久保】

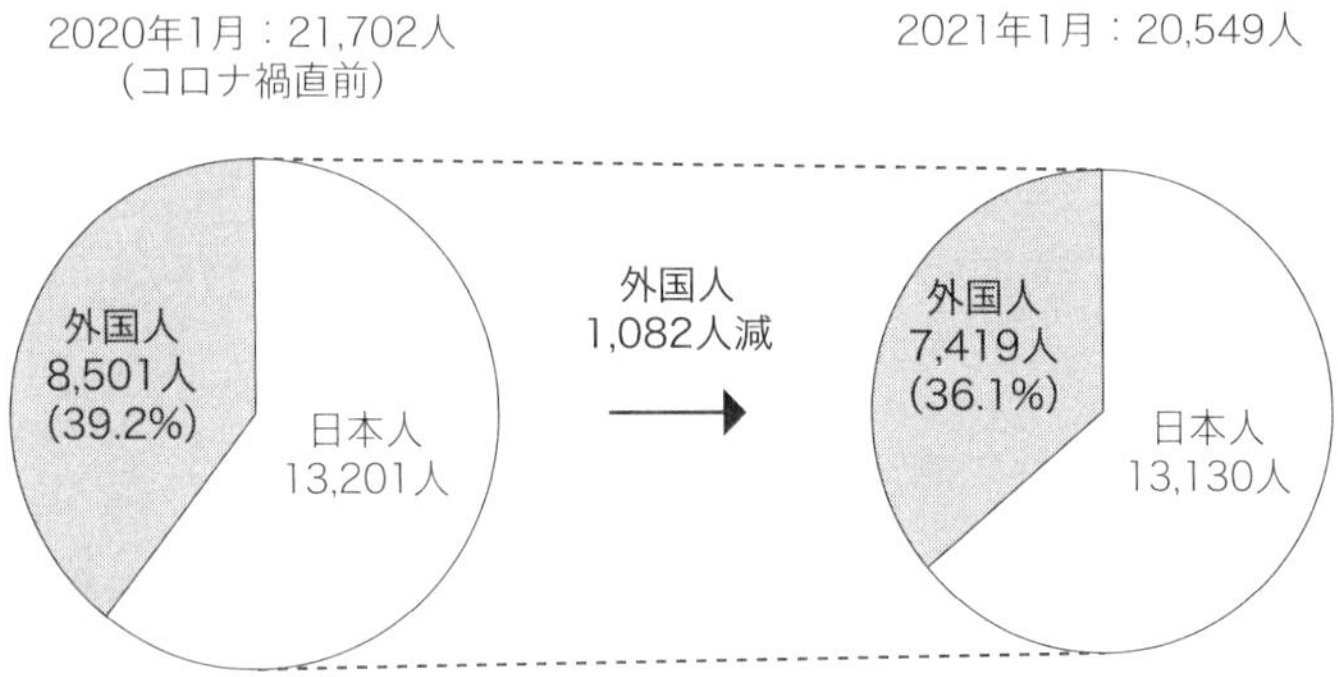

図5：新大久保の人口の変化（2021年の新宿区統計をもとに作成）

はあくまでざっくりとした地域の呼び名にすぎない。そこで、その地域をおもに構成している、大久保一丁目、大久保二丁目、百人町一丁目、百人町二丁目の人口を見てみた（**図5**。ちなみに僕は大久保二丁目に住んでいる）。

この4つのエリアをあわせた、2020年1月時点つまりコロナ禍直前の人口は、2万1702人だった。うち日本人が1万3201人。外国人は8501人。実に39％が外国人という数字にいまさらながら住民としても驚くわけだが、その1年後だ。

コロナ真っ只中の2021年1月になると、この数字はちょっと変わる。総数2万549人、日本人1万3130人、外国人7419人。日本人の人口はほとんど変わらないのだが、外国人は1年間で1082人が減っている。どこかに転出していったわけだ。住民に占める外国人の割合も、36％まで下がった。

【新宿区全体】

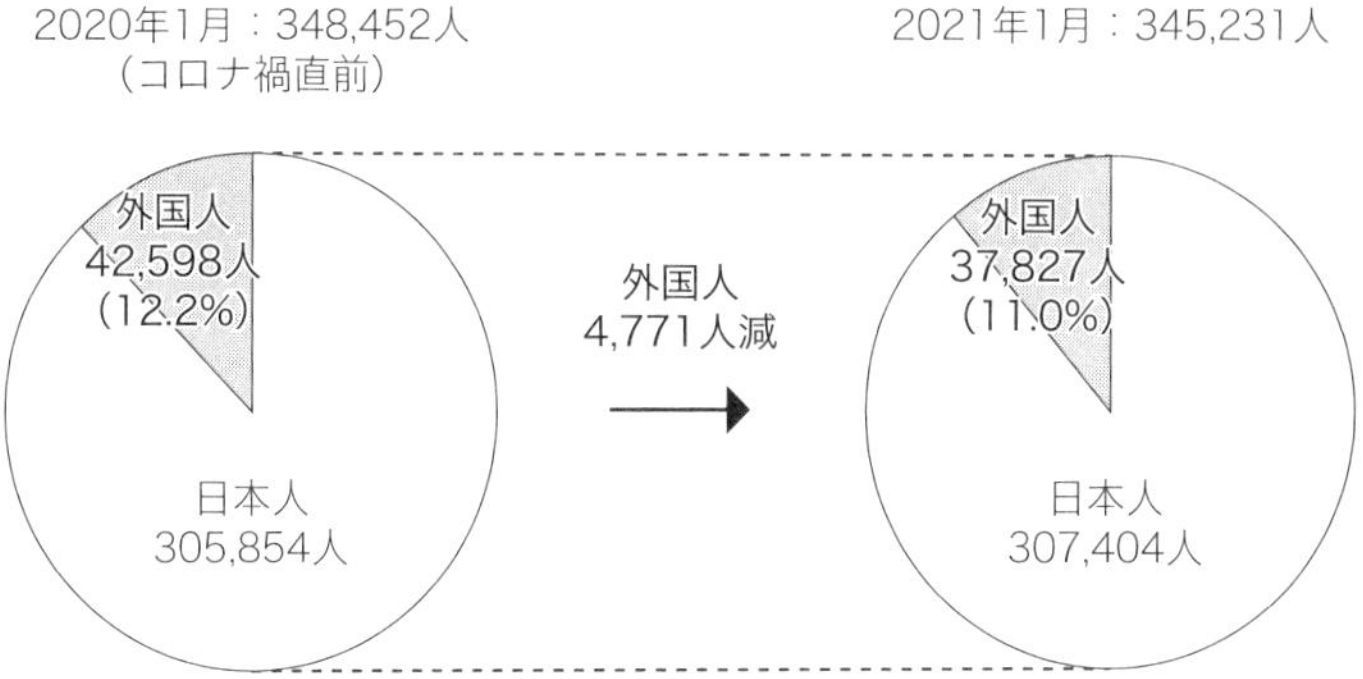

図6：新宿区全体の人口の変化（2021年の新宿区統計をもとに作成）

これを新大久保のある新宿区全体まで拡大すると、さらに外国人人口の減少がよく見えてくる（**図6**）。２０２０年１月の統計では、人口総数34万８４５２人のうち、日本人30万５８５４人、外国人４万２５９８人。これが２０２１年１月には、総数34万５２３１人、日本人30万７４０４人、外国人３万７８２７人。日本人はコロナ禍でもむしろ増えているのに（テレワークの広がりで地方への転出が増えてもよさそうなものだが）、外国人は４７７１人が減っている。

外国人人口が１割消失したわけだが、この減少分はおもに留学生だと思われる。コロナ禍で進んだ入国制限のために、「新入生」が日本に入ってこられないのだ。一方で、２０２０年度、２０２１年度と卒業生は続々と学校を出ていくのだが、かれらの受け皿がない。コロナ不況のために就職先が見つからないのだ。日本で社会人をめざす留学生もたくさんいるのだが、コロナ前は語学力を活かしたインバウンド関連や、アルバイト経験のある飲食業界といったコースが多かった。どちらもコロナ直撃の産業である。

やむなく、減便された飛行機に乗って、厳しい検疫の中、帰国する留学生がずいぶんと増えた。新宿区は日本語学校や外国人を受け入れる専門学校が集中していたことから、その影響が大きく現れた。同じような現象は、外国人留学生の多いほかの自治体でも起きているだろう。

留学生だけでなく、コロナで傾いた商売をたたんで帰国する外国人もいれば、首切りに遭って日本に見切りをつける外国人もいる。こんなときは家族一緒にいたいと帰郷した人もけっこういるようだ。

逆に海外在住の日本人が帰国してくることも、僕のまわりでは多かった。タイやベトナムで飲食の仕事をしていた人、製造業や観光業、フリーペーパーやコーディネーターといったメディア関連の知人などが、立て続けに帰ってきた。こんなご時世になってしまったし、いったん帰国して仕切り直そうと考えるのは、どこの国でも同じなのだろう。

コロナ禍なのに出店ラッシュ

こんな事情から、やや外国人が減った新大久保なのだが、2020年の秋以降だろうか。おかしな変化が見えてきた。新しい店が、次々と新規オープンしているのだ。ちょっと数えただけでも、中国系の海鮮食材、バングラデシュ料理にベトナム料理にパキスタン料理、ハラル食材、麻辣湯……。2020年の8月には、僕もときどき行っていた老舗のチュニジア料理店がなくなってしまって落胆したのだが、その跡地にすかさず居抜きでネパール料理店が入った。なんだかやたらと、元気なのである。

はじめは、「もしやコロナ給付金狙いなのでは？」と思った。苦境を強いられている飲食業にはさまざまな給付金制度があるが、新規開業でも一定の条件を満たせば受給できる。これをあてこんで飲食店を開く人もいると聞いたことはあるが、外国人が同じ発想をしてもおかしくはない。しかし、物件の保証金やら内装工事やらでお金はかかるし、外国人の場合は仕事が変われば在留資格の変更が必要になってくることもある。しかも新しく会社をつくるとなると、日本人は資本金1円から制度上は起業できるが、外国人の場合は500万円以上の投資が求められる。なかなかのハードルなのである。そうまでして給付金を目的にするのは割にあわず、大半は真っ当な商いだろうと思う。

日本人よりも不利なそうした条件下、しかもコロナ禍の大嵐の中だというのに、新大久保には外国人オーナーの新しい店がどんどん増えているのだ。知人のネパール人なんて、

「ムロハシさん、駅の近く、交番のそばのあのビル知ってる？　2階が空いたの。みんな

狙ってるよ。私もいま、いい物件探してる」

なんて言うのだ。このパンデミックを逆に「商機」と捉えている外国人が、僕のまわりではやたらに多いのだった。

「いまは家賃が下がっている物件もあるでしょ。コロナで前のテナントが出ていっちゃって、誰も入らないから。だからね、保証金も家賃10か月分のとこを半分の5か月分にしてるとこもあるし、借りやすいよ。新大久保でも場所の良い物件を押さえるチャンスだよ。コロナ終わったら儲かると思うよ。ムロハシさんもなにかやってみれば？」

そんなことを自信満々に話す。

コロナで空いた物件をいまのうちに押さえたい

2021年の2月には、エスニック食材の老舗にて大手、「アンビカショップ」が新大久保に上陸。蔵前店、西葛西店に次いで3店目となった。この街でもとりわけ多国籍なレストランが並ぶ通り「一番街」に出店し、外国人だけでなく日本人のスパイスファンにも喜ばれたわけだが、その社長であるヒンガル・ニッティンさんにお話を伺った。

「もともとこのあたりにたくさんあるネパール料理などのレストランに、食材やスパイスを

コロナ禍で「アンビカショップ」新大久保店を出したヒンガル・ニッティンさん

卸していたんです」

「アンビカ」は新大久保のみならず、日本全国のエスニック系レストランではかねてから知られた存在だったのだ。とくに、いまや日本のどんなイナカに行ってもあるネパール人経営のインド料理店では重宝されている。しかし、それらの店はコロナ禍の営業制限によって大打撃を受けた。スパイスや食材の需要も落ちこむ。

「だけどそのぶん、うちでは小売りの売上げが良くなったんです」

「アンビカ」の店舗のほうはむしろ業績が伸びたのだ。これには、いわゆる「巣ごもり需要」があるのではとヒンガルさんは話す。

「テレワークが増えたし、夜はレストラ

インドのバスマティライスやスパイス，スイーツなど，さまざまな食材が並ぶ「アンビカショップ」

ンが早く閉まってしまう。だから自宅で調理する人が多くなりましたよね」

せっかくだから、ちょっと凝った料理を、いつもとは違うものを。そう考える人もいる。そしてコロナ以前から、スパイスカレーは大きなブームになっていた。だから自宅でスパイスを使った料理をつくろうという人が、けっこう増えているのだ。そんな背景から、「アンビカ」はスパイス・エスニックの超激戦区、新大久保に進出したというわけだ。

だから日本人のお客も重視し、店はきれいで広々としていて入りやすく、日本語の表記や賞味期限もしっかり明記した商品が並ぶ。自社ブランドのスパイスなども多い。新大久保のエスニック食材店といえば狭い店内にごちゃごちゃと商品が並び、店員なのか誰なのかよくわからない外国人のオジサンたちがたむろしていたりして、そこがアジア好きの僕としてはとっても異国感があって楽しいのだけれど、カタギの皆さまにはやや入りづらいオーラを醸し出しているのは確かだ。それに比べると「アンビカ」は日本のスーパーマーケットのようで、店員には物腰柔らかな女性もいる。こうした店は新大久保の南アジア系の店では初めてかもしれない。

「店や商品のクオリティを上げて、業界全体のイメージアップをしたかったんです。そうすれば、まわりも倣っていって、マーケット全体が良くなっていく」

ヒンガルさんは力強く話すが、それにしたってコロナなのである。新しくビジネスを展開させていくことに、たいていの日本人は不安や迷いを覚える。しかし「だからこそ」と考える外国人が新大久保には多い。ヒンガルさんもそのひとりだ。

「新大久保はいま、外国人の商売人には人気の街になっているんです。インドやバングラデシュ、ネパール、パキスタンといった南アジアの店が、新大久保駅から大久保駅の間に密集してるでしょう。なかなか店舗に空きが出ない。空きが出てもすぐに埋まってしまう場所なんですね」

それがコロナ禍によって、撤退する店も一部で出てきているし、オフィスの賃料も上がらない。だからいまのうちに場所を押さえておこうという動きが起きている。コロナ禍はやがて収まるだろう。そうすれば、新大久保なら利益は見込める。そのためにいまから物件を押さえて投資しよう……そう考える外国人が、この街で積極的に動いているようなのだ。

「でもこれは新大久保だけでなく、日本のどこでも同じようなチャンスはあると思いますよ」

それにしても、コロナでも勝負に出ていく、どんどん動く姿勢はなかなか日本人には難しいかも……そんなことをヒンガルさんに話すと、笑って答える。

「私たちのように、商売にやってきた外国人はね、とにかく仕事しなくちゃならないってプレッシャーがけっこう強いんです。異国で稼いで生活していかなくちゃならないから。コロナであれがダメならこれをやってみよう、こんな展開はどうだろうって、とにかくいつも考えて、動いていないといとって思っている。そういう外国人は多いと思います」

僕たち日本人と違って、外国人は常に在留資格に縛られている。レストランや食材店などを営む外国人は、おもに「経営・管理」の在留資格で滞在しているが、これは会社が赤字だと更新できない場合がある。「商売あがったり」どころか、日本で暮らせなくなってしまう可能性もあるのだ。だから必死になるし、リスクがあってもトライしていく。外国人がビジネスにアグレッシブであるのは、そんな事情もあるように思った。

アジアの「市場」と化した新大久保

その「アンビカ」出店から半年後の2021年8月、今度は新大久保の北側、通称「イスラム横丁」と呼ばれている一角にパキスタン系のハラル食材店「ナショナルマート」がオープンした。こちらも「アンビカ」同様きれいで入りやすい佇まいで、パキスタンのストリートフードやスイーツが充実している。日曜ともなると、都内だけでなく神奈川や千葉、埼玉など首都圏各地からパキスタン人やイスラム教徒が訪れるし、日本人のエスニックファンにはSNSで一気に知れわたり、人気となった。

「コロナだから、この店は手に入ったんじゃないかな。前にここに入っていたお店は、コロナじゃなかったら手放さなかったかもしれない」

「ナショナルマート」を運営する和新トレーディングの取締役、味庵《みあん》・ラムザン・シディークさんは言う。日本に帰化したパキスタン人だ。

「実際、コロナの影響で売り上げはぜんぜん少ないし、納得していないです。それでも、やはりいまここを押さえておきたかったんです」

というのも、新大久保はいまや南アジアをはじめ東南アジアや中国などの雑多な店が軒を連

こちらもコロナ禍の出店となった「ナショナルマート」。日本人にも大人気

ねる、巨大な「市場」となってきているからだ。新大久保というとコリアンタウンのイメージが強いが、それは新大久保駅の東側だけで、西側から大久保駅にかけてのエリアではアジアごった煮ゾーンとなり、その密度はさらに濃くなっている。「住民」として新大久保に暮らす外国人は留学生を中心にこの1年で減少したが、逆にこの街に勝負をかけて進出してくる「商売人」は増えているのだ。

それだけ店が密集すると、仕入れにやってくる外国人も、日本人も多くなる。観光客ともいえる人々も最近ではよく見かけるようになった。コリアンタウンではなく、こちら側に遊びに来たのだ。こうしてものや人、情報とマネーの集積が進む。

「ナショナルマート」を運営する味庵・ラムザン・シディークさん

「そんな新大久保でこういう店をつくって、何が売れるのか、どんな商品が人気なのか、リサーチして貿易のほうに生かしていきたいんです」

味庵さんは言う。和新トレーディングはエスニック食材店のほか、インド・パキスタン料理レストラン「シディーク」なども手がけているが、もともとは問屋だ。パキスタンからスパイスやマンゴー、お茶、ジュースなどを輸入して、エスニック食材店に卸している。そんな会社が新大久保に新しく「ナショナルマート」という窓口を開き、そこでトレンドを見極めて、輸入業の一助にしていこうという考えなのだ。いわばマーケティングとしての出店だ。

「それに新大久保はいまでは、イスラム

教の国やアジアの国の大使館関係者が買い出しに来る街でもあります。大使自らやってくる国もあるくらいですから」

たしかにイスラム横丁のあたりでは、ときどき青い外交官ナンバーをつけた高級車を見かける。当然、店を構えていればかれらVIPとつながりも生まれるし、ビジネストークの機会にも事欠かないだろう。さすがは来日26年のビジネスマン、なのである。

この街はコロナに負けなかった

「アンビカ」のヒンガルさんは、日本の各地に暮らす南アジア系の人々にとっても、新大久保は大事な街になってきていると話す。

「たとえば、福岡や名古屋など、日本の地方でレストランや食材など食べ物に関わる仕事をしようと考えた南アジアの人は、まず新大久保に来るんです」

この街で何が売られていて、どんなメニューや商品に需要があるのか。仕入れ先や価格はどうなっているのか。そんなことをリサーチする街になっているという。だからここで出店すれば、日本各地の南アジアの人々にアピールできるのだ。

「新大久保店は、ディスプレイのような存在になればと思っています」

コリアンタウンや林立する日本語学校が土台となって、外国人が住みやすい、商売しやすい環境がつくられていった新大久保。2010年代に入ってから一気に多国籍化が進んだが、その大きな波はコロナ禍でも止まることはなかったようだ。むしろビジネスチャンスを求めて、日本のほかの地域からやってくる人も増え、外国人人口は減っているのに外国人経営の店は増えているという現象も起きている。

外国人の商売人がシノギを削るこの街は結局、コロナに負けることはなかったのだ。むしろそこに商機を見出し、新しいビジネスにどんどん乗り出す人々が集まる街になっていた。もちろん商売は水モノだし、ここはかれらにとってのアウェー、異国だ。失敗する人だってたくさんいる。商売がうまくいくとは限らない。失敗する可能性だって大いにある。それでもリスクを恐れず、というか日本人と違ってあまり深く考えることなく、「とりあえずやってみっか」というチャレンジャーが新大久保に次々と一旗揚げにやってくる。

かれらは撤退した日本人の店のあとを埋めていく。コロナに加えて高齢化もあって、日本人の商売人は減っていくばかりだ。そこに外国人が入る。これは新大久保だけでなく、この取材で旅した東海地方や、北関東など、各地で見た光景だ。そうしてどんどん「国際化」とやらが進んでいく。

コロナによる出入国制限や不況によって、日本国内の外国人コミュニティは大きく衰退する可能性もあると、僕は思っていた。しかしどうも、そうではなかったようだ。ひとりひとり、しんどい思いをしながらも、日本人と同じようにこの社会で踏ん張っている。そして新大久保では衰退どころか、逆にさまざまな外国人コミュニティがさらに発展する勢いも見せている。

僕もこの街で、かれらとともにコロナの時代を生きていこうと思う。

おわりに

4回目の緊急事態宣言が明けた2021年10月2日。快晴だった。

名古屋市港区、東海通駅のそばにある九番団地では、「九番市場」というイベントが開かれていた。広場にはケバブにインド料理、台湾料理やかき氷など多国籍なキッチンカーが停まり、なかなかに盛況だ。

食べ歩きを楽しんでいるのも、日本人や中国人、ベトナム人、それにブラジル人などさまざまだ。子供たちは会場内に設置された謎解きゲームに夢中になっているが、やはりその顔立ちや目の色も異なる。名古屋でも移民が集住する九番団地ならではの景色を、ベトナムのランタン飾りが見守っている。

「こんなイベント、本当に久しぶり」

開催に協力した「まなびや@KYUBAN」の川口祐有子さんも、今日はやけに楽しそうだ。朝からボランティアの人々とともに会場の設営などの準備に走り回り、お客を出迎え、しばらくご無沙汰だった顔と笑顔を交わす。2年ぶりだという人も、ずいぶんたくさんいるようだった。コロナ禍が生んだソーシャルディスタンスによって、人と会うことが憚られるようになってしまった世の中だけど、それもあるいはもう少しの辛抱かな、と思わせる日だった。

「九番市場」を主催したのは名古屋青年会議所だ。こうしたイベントを開いて、ふだん外国人に接することのない人にも九番団地に来てもらい、見てもらおう、知ってもらおうと、川口さんに声をかけたというわけだ。準備段階の夏場は全国的に広がった感染爆発のため、開催が危ぶまれることもあった。それでも理事の伊藤友一さんは、

「コロナだからなにもやれない、ではなくて、コロナでもやれる方向を見つけていこうと考えていました」

と話す。その後、9月に入ると感染者が激減したこともあり、緊急事態宣言は解除。「九番市場」も延期はしたが無事に開催となり、こうしてたくさんの人が集まれるようになった。もちろん青年会議所によってイベントスペースが区切られ、入口をつくって人の流れを制限し、検温や消毒、マスク配布といった感染対策を施したうえでのことだ。食事用のテーブルの間は広く取り、長居できないようにイスは置かないなどの工夫もされているが、それでもこうした催しができるまで、世の中は戻ったのだ。なんだかほっとする。

「九番市場」にはキッチンカーのほかに、出店もいくつかあった。ベトナムのサンドイッチ

「バインミー」を売っているブースがあったので話しかけてみると、団地内のモールにある食材店兼レストランの人々だった。ブラジル食材店のとなりに、6月にオープンしたばかりなのだという。やはりコロナ禍での新規開店なのだ。

「まだコロナも終わっていなくてタイヘンだけど、食材のデリバリーや地方発送でなんとかやってます」

店主の女性、ハー・ティー・ニャムさんは話す。もともと技能実習生をベトナム側から派遣する送り出し機関に勤めていたそうだ。その「現地駐在員」として、日本側で実習生を受け入れる組合で働いていたが、そこは独立心旺盛なベトナム人だ。思いきって会社を辞め、食材ビジネスを始めた。不動産屋に相談したところ、最近は名古屋もベトナム食材店があちこちにできているが、港区のこのあたりはまだライバルが少ないこと、それに九番団地はブラジル人だけでなくベトナム人の住民も増えていることから出店を決めた。そしてオープンしたばかりの店で慌ただしく働いていたところ、川口さんに声をかけられたというわけだ。

「お祭り一緒にやらないかって誘われて。ホント嬉しかった」

そう話すハーさんだが、同じブースにいるおばちゃんとなにやら中国語らしき言葉でやりあっている。不思議に思って聞いてみると、台湾人なのだという。

「私、台湾でも働いていたことあって、中国語もわかるんです」

サラリと言う。九番団地に開店してすぐ、近所に住む台湾人のおばちゃんが立ち寄るようになり、お互い中国語と日本語で意気投合。「九番市場」にも一緒に出店することにしたのだという。おばちゃんのほうはパイナップルケーキやタピオカジュースを出していて、こちらもよく売れている。

まるで僕の住む新大久保のような多民族混在ぶりが面白いが、彼女たちの出会いだってポジティブに考えればコロナがもたらしたものなのだ。

コロナをきっかけに、日本人と外国人が、なにか作業をする。あるいは国の違う外国人どうしが力をあわせる。そんな姿を、この取材の中ではけっこう見てきた。日系ペルー人や日系ブラジル人が一緒になって、困窮した外国人を支援するボランティア団体「アユダメ・ア・アユダル」。日本人の住職とベトナム人が、行き場のない技能実習生たちを保護する徳林寺。そして多国籍な人々が寄り添う九番団地。この2年間、コロナによって誰もがため息ばかりをついてきたが、逆にコロナをきっかけに縮まった距離、深くなった関係もきっとあると思うのだ。

「九番市場」を企画した伊藤さんは言う。

「名古屋の港区や、九番団地って、いいイメージを持たれていなかったんです。危ない、治安が悪いなんて言われて。でも実際に来てみれば、子供たちが遊んでいて、治安の悪さなんて感じません。それを伝えたい、偏見や無関心を少しでも払拭できればと思って」

そんな気持ちから生まれた「九番市場」に、緊急事態宣言後の開放感の中、たくさんの人が訪れた。そのうちひとりでも「初めて来たけど、九番団地も悪くないところだね」と思ってもらえたら、きっとイベントは大成功なのだろう。

コロナ禍はいつ終わるのか、収束は見えない。この原稿を書いている11月21日、いつものように16時45分に発表された東京都の今日の感染者数は16人だった。連日5000人を突破していた8月に比べると激減したが、いつまた次の波が押し寄せるのか、それは誰にもわからない。

日本の中に息づくおよそ300万人の外国人コミュニティも、落ち着きを取り戻すのは隔離なしの出入国が世界的に再開されてからだろう。まだまだ時間がかかりそうだ。それでも、外国人たちの間で人口減少や失業などの問題は起きているけれど、コミュニティの土台そのものは結局、揺らぐことはなかった。それはたぶん、かれらがもうこの国にしっかりと根づき、この社会の成員として生活を紡いでいるからだと思う。そんなことだけは確認できた旅だった。

室橋　裕和

2021年11月21日

初出一覧

○「国に帰れない」「日本を信頼してる」新大久保の外国人たちが新型コロナ禍で抱いた切実すぎる思いとは／アーバンライフメトロ2020年3月29日

○コロナ禍で外国人留学生は何を思う、接客バイト不安に異郷での孤独感／ダイヤモンド・オンライン2020年4月20日

○コロナ支援で置き去りの在留外国人、彼らを見捨てる日本でいいのか／ダイヤモンド・オンライン2020年5月7日

○多国籍が混在する「新大久保」コロナ禍のマスク販売が生んだ誤解の深層とは／アーバンライフメトロ2020年6月19日

○「入学者7割減、日本から留学生が消えていく」／『東京人』2020年8月号

○コロナ禍で外国人減少も「新大久保」に新規出店が止まないワケ／アーバンライフメトロ2020年12月24日

○「2カ月5万円で生活しろ」ベトナム人技能実習生をしゃぶり尽くす〝受け入れ業者〟の闇／文春オンライン2021年1月8日

○「〝逃亡実習生〟の駆け込み寺」に年越し密着1泊2日……〝困窮ベトナム人〟が暮らす埼玉・大恩寺の生活とは？／文春オンライン2021年1月17日

○「商売するなら日本が一番」来日30年のインド人社長がコロナ禍真っただ中に新店オープンを決めたワケ／アーバンライフメトロ2021年3月17日

○「私の人生は止まったまま」「私たちは見捨てられた」：日本に入国できない留学生2万7000人の悲痛な叫び／ニッポンドットコム2021年7月7日

○客の奪い合いにならないの？　新大久保周辺にエスニック食材店が20軒も密集している理由／アーバンライフメトロ2021年9月12日

主要参考文献

中島弘象『フィリピンパブ嬢の社会学』新潮社、2017年
毎日新聞取材班編『にほんでいきる：外国からきた子どもたち』明石書店、2020年
在日クルド人の現在2021実行委員会「在日クルド人の1990‐2021」、2021年

【著者紹介】

室橋 裕和（むろはし ひろかず）

フリーライター。1974年生まれ。週刊誌記者を経てタイに移住。現地発の日本語情報誌でデスクを務め，10年にわたりタイおよび周辺国を取材する。2014年に帰国したあとはアジア専門のライター，編集者として活動。「日本に生きるアジア人」「アジアに生きる日本人」をテーマとしている。

〔主要著書〕

『ルポ 新大久保：移民最前線都市を歩く』辰巳出版，2020年

『日本の異国：在日外国人の知られざる日常』晶文社，2019年

『バンコクドリーム：「Gダイアリー」編集部青春記』イースト・プレス，2019年

『おとなの青春旅行』（下川裕治との共編）講談社，2018年

ルポ　コロナ禍の移民たち

2021年12月30日　初版第1刷発行

著　者――室　橋　裕　和
発行者――大　江　道　雅
発行所――株式会社 明石書店

〒101-0021　東京都千代田区外神田6-9-5
電話　03（5818）1171　FAX　03（5818）1174
https://www.akashi.co.jp/

装　幀　　明石書店デザイン室
印刷・製本　モリモト印刷 株式会社
ISBN 978-4-7503-5317-3